Hanna Bogdahn

Relifix 1

*Stundenbilder fix und fertig aufbereitet
für den evangelischen Religionsunterricht
an Grundschulen*

Claudius

Bibliografische Information Der Deutschen Bibliothek
Die Deutsche Bibliothek verzeichnet diese Publikation in der Deutschen
Nationalbibliografie; detaillierte bibliografische Daten sind im Internet
über <http://dnb.ddb.de> abrufbar.

© Claudius Verlag München 2002
Birkerstraße 22, 80636 München
www.claudius.de
Umschlaggestaltung: Büro für Konzept und
Gestaltung Meyer, Tübingen
Satz und Druck: Buch- und Offsetdruckerei Sommer,
Feuchtwangen

ISBN 3-532-71163-X

INHALT

Vorwort

LehrerIn zu sein ist heutzutage nicht leicht. Allzu schnell werden die Lehrkräfte für alle Defizite nicht nur der Kenntnisse und Fertigkeiten, sondern auch der Erziehung verantwortlich gemacht, die die Eltern weitgehend an die Schule delegiert haben. Die Diskussion um die PISA-Studie bestätigt das erneut. Es ist frustrierend, wenn die Lehrkräfte an den Schulen, die von der Situation schon zum äußersten gefordert sind, am Ende mehr Vorwürfe als Dank ernten. Kein Wunder, dass das Burn-out-Syndrom heute schon unter GrundschullehrerInnen verbreitet ist. Aber wenn man nicht mit Freude und Lust an die Arbeit geht, darf es niemanden überraschen, wenn der gewünschte Erfolg ausbleibt.

Frau Bogdahn legt Stundenbilder für den evangelischen Religionsunterricht des ersten Jahrgangs vor, denen man auch nach langjähriger Praxis der Autorin immer noch von A bis Z die Begeisterung, die Freude, die didaktisch-methodische Kreativität und die Liebe gleichermaßen zu den Schülern wie zur Sache anmerkt. Frau Bogdahn nannte das Skript zunächst: »Lieblingsfach Religion« – ob das für die SchülerInnen oder die LehrerInnen gelten soll – beides kann man sich gleichermaßen vorstellen, wenn man in das Buch hineinschaut. Das Ergebnis: Der Religionsunterricht kann durchaus lehrreich und lustvoll zugleich sein, und LehrerInnen sind engagierter und kreativer, als ihnen oft unterstellt wird.

Die Autorin geht einen einfachen Weg. Ihre didaktischen Prinzipien sind implizit zu erkennen: Erlebnisnähe, Wahrnehmungsschulung, Ganzheitlichkeit (durch die angegebenen Querverbindungen zu anderen Fächern angedeutet), Schülernähe, Praktikabilität (Material-Übersichten erleichtern die Vorbereitungsarbeiten). Die Entwürfe sind einfach, unaufwändig, im Schulalltag rasch zu verwirklichen.

Wer ist der Adressat? Lehrkräfte, die rasche Hilfe oder neue Anregungen suchen, Anfänger, die sich noch unsicher fühlen. – Aber ist damit nicht die Gefahr der Verflachung gegeben? Werden die Stundenbilder damit nicht zum oberflächlichen Rezeptbuch? Das wäre ein Missverständnis. So gewiss im Schulalltag nicht jede Stunde in der gleichen Intensität vorbereitet werden kann und gerade AnfängerInnen auf gute Hilfen angewiesen sind, so gewiss ist auch, dass solche Hilfen die eigene Reflexion nicht überflüssig machen dürfen und wollen, sondern auch Rückfragen provozieren: Warum geht die Autorin jetzt diesen Weg, welches sind ihre Ziele, welches ist ihr Verständnis vom jeweiligen Inhalt und könnte man vielleicht auch zu anderen didaktischen Entscheidungen, zu anderen methodischen Schritten gelangen? Im jeweiligen Abschnitt »Erarbeiten« sind Möglichkeiten angelegt, in denen die Schüler mehr Eigenaktivität entfalten können, als das auf den ersten Blick vielleicht erscheinen mag.

Die Entwürfe wollen nicht unbesehen übernommen werden, sondern anregen, die Fantasie stimulieren, motivieren, eigene Ideen provozieren. Das Buch will – und es kann – Freude und Lust am Unterrichten wecken – das ist seine besondere Stärke. Wo es das erreicht, Freude und Lust am Unterrichten, ist ein kurzatmiges Kopieren von vorneherein ausgeschlossen, sondern eher ein eifriger Wettbewerb ausgelöst. Ich denke, wenn das geschähe, wäre die Autorin voll zufrieden.

H.-J. Fraas

Einführung

Wenn eine Mutter, so wie ich, am Mittag aus der Arbeit kommt und kocht, dann wird das kein Festmahl mit drei Gängen sein. Schnelle Küche ist angesagt. Nahrhaft soll es aber trotzdem sein und gut schmecken, dann sind alle zufrieden.

Mit den Religionsstunden in diesem Buch ist das ähnlich: Es sind Unterrichtsstunden, die einfach aufgebaut sind und meist unaufwändig in der Vorbereitung. Es sind vielfach praxiserprobte Stunden für den Schulalltag, der oft von Zeitnot bestimmt wird. Und doch beinhalten sie das Wesentliche und machen Spaß. Wer Zeit und Muße hat, kann natürlich zwischendurch ein liebevoll bereitetes Menü servieren!

Zum Aufbau des Buches

Jede Sequenz beginnt mit dem Stoffverteilungsplan, in dem die dazugehörigen Stundenthemen aufgeführt sind. Dann folgt, jeweils auf einer Seite, die Unterrichtsstunde, die knapp und übersichtlich, aber vollständig skizziert ist. Ein Liedvorschlag und die Anleitung für einen Hefteintrag, oft mit Kopiervorlage, machen die Vorbereitung komplett.

Aber Achtung: Es werden Bücher und diverse Materialien gebraucht, die rechtzeitig beschafft werden müssen. Um Ihnen die Organisation zu erleichtern, finden Sie am Ende des Buches auf den Seiten 134 ff sowohl eine Literaturliste, die die verwendeten Vorlesebücher aufführt, als auch eine Liste mit allen benötigten Materialien – damit Sie nicht am Abend des 10.11. vor dem Problem stehen: Wo bekomme ich jetzt rote Papierservietten für St. Martins Mantel her?

Obwohl die Unterrichtsstunden meist einer 45-Minuten-Einheit entsprechen, ist keine Eile angesagt. Es geht keineswegs darum, alle Stunden vollständig durchzunehmen. Was Sie heute nicht mehr besorgen können, verschieben Sie einfach auf die nächste Religionsstunde. Wählen Sie aus und setzen Sie Ihre persönlichen Schwerpunkte!

Am Ende des Buches ist schließlich auch ein Blatt mit den neuen Druckschrift- und Schreibschrift-Buchstaben zu finden.

Zum Aufbau der Stunden

Die Religionsstunde beginnt mit der Begrüßung und einem Lied, dabei sitzen wir im gemeinschaftsfördernden Sitzkreis. Oft wird kurz an die vergangene Stunde angeknüpft. Mit der Hinführung steigen wir ins Thema ein.

Dann folgt das Kernstück der Stunde, die Erarbeitung, die das Thema erschließt. Von Erzählungen und Gesprächen im Sitzkreis können die Kinder nie genug bekommen. Je nach Thema sind auch Rollenspiele, Gruppenarbeit, das Betrachten von Bildern oder anderem vorgesehen.

Danach ist die Phase der Sicherung/Gestaltung an der Reihe, die den Kindern die Möglichkeit gibt, sich auf verschiedene Weise auszudrücken. Es wird gemalt, gebastelt, Musik gemacht, gesungen, gespielt und das Gelernte wiederholt und gefestigt. Dem Hefteintrag gebe ich den Vorzug vor dem Arbeitsblatt. Mit dem gemeinsamen und einem freien Gebet beenden wir die Stunde.

Der Einfachheit halber werden die Abkürzungen »L« für »die Lehrerin beziehungsweise der Lehrer« und »Schü« für »die Schülerinnen und Schüler« verwendet.

Ein paar Worte zum neuen Lehrplan

Die Grundlage dieser Religionsstunden bildet der neue Lehrplan, der im Schuljahr 2001/2002 für die erste Jahrgangsstufe eingeführt wurde. Er betont mehr denn je den Bildungs- und Erziehungsauftrag der Grundschule. Auch die Entwicklung der Persönlichkeit, gemeinsames Lernen und die Wertorientierung sind als Aufgaben genannt. Welch wichtigen Beitrag der Religionsunterricht hier leisten kann, liegt auf der Hand. Neu ist die starke Betonung des fächerverbindenden Lernens. Alle Unterrichtsfächer sollen sich aufeinander beziehen. Das zeigt sich auch darin, dass erstmals der Lehrplan für den evangelischen Religionsunterricht in den allgemeinen Lehrplan integriert ist. Um Ihnen mögliche Querverbindungen zu anderen Fächern aufzuzeigen, finden Sie bei jeder Stunde die Zeile QV (= Querverbindungen). Die zu den Kürzeln und Nummern passenden Erklärungen finden Sie auf Seite 133. Idealerweise sollte auch der Religions-Stoffverteilungsplan in den Klassenlehrplan eingearbeitet werden. Wenn die Absprache mit der Klassenlehrerin für die Fachlehrkräfte oft im erwünschten Umfang kaum zu bewerkstelligen ist, so wäre es doch wünschenswert, dass wir diese Idee der Zusammen-Arbeit so weit wie möglich verwirklichen.

Begrüßenswert sind die ökumenischen Bestrebungen. Achten Sie darauf, wie oft in der Zeile QV angezeigt wird, dass in KR, der katholischen Religionslehre, ein ähnliches Thema behandelt wird; das sind viele Schritte in die richtige Richtung!

Dadurch ist dieses Buch übrigens auch für unsere katholischen Kolleginnen und Kollegen interessant.

Insgesamt ist zu sagen, dass sich im evangelischen Religionsunterricht im Vergleich zu anderen Fächern relativ wenig geändert hat. Das ist auch kein Wunder, denn unser Lehrplan war erst 8 Jahre alt und der allgemeine stammte aus dem Jahr 1981.

Neu ist in der 1. Klasse der Themenbereich »Kinder aus aller Welt achten« hinzugekommen.

Diese Jugend von heute!

Trotz der großen Veränderung der Gesellschaft und so auch der kindlichen Lebenswelt sind Kinder immer noch Kinder, mit Sorgen und Nöten, Freuden und Ängsten. Sie denken über sich und die Welt nach und wollen Regeln des Zusammenlebens erfahren. All dies findet im Religionsunterricht Platz. Mehr als in jedem anderen Fach haben die Kinder die Möglichkeit, sich durch Worte, Bilder, Musik, Bewegung auszudrücken und Gespräche über Gott und die Welt zu führen.

Was sehr im Vergleich zu früher auffällt, ist die fehlende religiöse Sozialisation. Machen Sie sich darauf gefasst, bei Null anzufangen und den Kindern den Unterschied zwischen Jesus und Engeln erklären zu müssen. Das ist auch der Grund, warum ich das Thema »Sich im Gebet an Gott wenden« zum Teil in die erste Klasse vorgezogen habe. Für die meisten Kinder ist das Beten etwas Neues, es muss eingeführt werden, um ihnen im Lauf der Zeit vertraut zu werden.

»Lieblingsfach Religion« war der Arbeitstitel meines Manuskripts, und ein Lieblingsfach ist es tatsächlich – für meine »Religionskinder« und für mich. Dass der Religionsunterricht auch Ihr Lieblingsfach ist oder wird, spätestens mit Hilfe dieses Buches, das wünsche ich Ihnen von Herzen!

München, im Sommer 2002   *Hanna Bogdahn*

1. THEMENBEREICH:
Miteinander umgehen

Lernziele

1.1.   Miteinander umgehen
1.1.1. Im Religionsunterricht zusammenkommen
1.1.2. Miteinander lernen
1.1.3. Gemeinschaft gestalten

QV: PL 1/2.1. und 1/2.4., KR 1.1.1., 1.1.2., 1.1.3., Eth 1/2.1.,
D 1/2.1.1., 1/2.1.2. und 1/2.1.3., 1/2.5., KuE 1.3., MuB 1.1.1. und 1.4.2.,
HSU 1.4.1.

Stoffverteilungs-plan für September Oktober November

September:

1. Wir lernen uns kennen	1.1.1./1.1.2.
2. Das bin ich!	1.1.1.
3. Was ich mag und was ich nicht mag	1.1.1.

Oktober:

Extra: Erntedankfest
QV: HSU 1.6.3., Eth 1/2.4.: Brauchtum und Feste

4. Mich gibt es nur einmal	1.1.1.
5. Jeder ist wichtig	1.1.1.
6. Ich bin so wie ich bin	1.1.1.
7. Tim will nicht mehr Tim sein	1.1.1.
8. und 9. Freuen und traurig sein	1.1.1.
10. Das ist zum Staunen!	1.1.2.
11. Beten	2.7.

November:

12. Wir lernen ein Gebet	2.7.
13. Sankt Martin teilt und hilft	1.1.3.
14. Das schönste Martinslicht evtl.: Laterne basteln	1.1.3.
15. Ich kann teilen und helfen	1.1.3.
16. Armen Kindern helfen	1.1.3.

*Sankt Martin muss natürlich Anfang November sein,
evtl. die Stunden entsprechend umstellen*

1. Stunde: Wir lernen uns kennen

LZ: 1.1.1. Im Religionsunterricht zusammen kommen; 1.1.2. Miteinander lernen
QV: KR 1.1.1., Eth 1/2.1., KuE 1.3., MuB 1.1.1., HSU 1.4.1.

Material	Namenskarten, Arbeitsblatt (M 1), Heft und Umschlag für jedes Kind, evtl. Fotoapparat, Kindergesangbuch

Begrüßung: L stellt sich vor

Hinführung

Wir treffen uns zweimal in der Woche zum Religionsunterricht, in diesem Zimmer.
Doch bevor ich euch kennen lerne, möchte ich ein Lied mit euch singen, das geht so: *Lied »He du, hallo du!« (Kindergesangbuch Nr. 179) gemeinsam lernen und singen.*

Erarbeitung

Kennenlernspiele im Sitzkreis:
L teilt die Namenskarten aus und begrüßt jedes Kind mit Namen:
»Wo sitzt denn die Vera? Guten Tag, Vera! Schön, dass du da bist…«
Damit wir die Namen bald lernen, stellst du dich jetzt bitte noch einmal selber vor: Sage ganz laut deinen Namen und sage doch, wen du von den anderen Kindern schon kennst und woher du das Kind kennst.
(Alternative: In Form eines Interviews fragen: Hast du dich auf die Schule gefreut? Gefällt es dir hier? Hast du eine Schwester, einen Bruder? …)
L: Jetzt möchte ich einmal ausprobieren, ob ich eure Namen schon weiß, aber ihr müsstet mir noch ein bisschen helfen. Macht ihr das?
L sammelt die Namenskarten ein, mischt sie und teilt sie wieder aus.
Gut wäre es, im Lauf der Stunde von den Kindern Fotos zu machen.
Gespräch: Was wir im Religionsunterricht machen
Weißt du schon etwas? *(Vorwissen sammeln)*
Im Religionsunterricht geht es um dich, um die Menschen, darum, wie Menschen miteinander umgehen, um die Welt, um die Feste im Jahr, um die Kirche,
und: Ihr hört Geschichten über Jesus und über Gott.
Wir haben viel Zeit, zum Erzählen, zum Reden, zum Singen, Malen und Basteln!
Es wird bestimmt schön!
Schü.äußerungen

Sicherung/ Gestaltung

Nimm deine Namenskarte und setze dich auf deinen Platz. Stelle die Karte vor dich. Wir haben in Religion auch ein Heft, und dieses Heft soll eine schöne erste Seite bekommen! Auf diesem Blatt steht: »Religion – 1. Klasse«; bitte male die Buchstaben bunt an! Wenn du magst, kannst du gerne noch etwas dazu malen; etwas, was zum Religionsunterricht passt.
L teilt das Arbeitsblatt aus, es wird auf die erste Seite im Heft geklebt
L geht herum, schaut und lobt, spricht dabei die Kinder mit Namen an

Schluss

Liebe Kinder, ich habe mich gefreut, euch kennen zu lernen.
Wir sehen uns wieder am …, bis dann, auf Wiedersehen!

2. Stunde: Das bin ich!

LZ: 1.1.1. Zum Religionsunterricht zusammenkommen
QV: PL 1/2.1.; D 1/2.1.1.; KuE 1.3.; MuE 1.1.1.

Material

Arbeitsblatt (M 2), kopierte Überschrift (M 3), Kindergesangbuch

Begrüßung im Sitzkreis
Lied: »He du, hallo du!« (Kindergesangbuch Nr. 179)
Kennenlernspiele
L teilt Namenskarten mit Hilfe der Kinder aus
Wen kennst du schon?
Du spielst Lokomotive; wenn du weißt, wie ein Kind heißt, sag den Namen, dann ist das Kind ein Waggon und hängt sich an. Wie lang wird dein Zug?

Hinführung

Spiel: Welches Kind meine ich?
L: Ich beschreibe nun ein Kind. Wenn du weißt, dass ich *dich* meine, dann sage:
»Das bin ich!«
L beschreibt: Du hast eine Jeans und ein rotes T-Shirt an …
Schü: Das bin ich!

Erarbeitung

L: »Das bin ich«, das ist die Überschrift zu unserem Hefteintrag, den wir heute malen wollen. Ich zeige dir, wie das geht, denn es ist ein bisschen schwierig:
1. Schritt: Eine rechte Heftseite wird längs geknickt und das Arbeitsblatt auf die rechte Hälfte ins Heft eingeklebt
2. Schritt: Du schneidest entlang dem Strich aus!
3. Schritt: Nun wird die Seite geklappt: die rechte Hälfte wird nach links geklappt
4. Schritt: Umfahre mit dem Bleistift Kopf, Arm, Bein
5. Schritt: Wenn du wieder aufklappst, hast du die ganze Figur im Heft und kannst sie fertig malen; male am besten die Kleider, die du heute an hast
Die Überschrift bekommst du zum Aufkleben.
Und: Schreibe bitte deinen Namen dazu!
(Das Ganze ist übrigens einfacher, als es sich anhört, klappt gut und macht Spaß!)
Die Schü erhalten das Arbeitsblatt und machen sich an die Arbeit.
Zur Nachbarin/zum Nachbarn schauen und ein bisschen plaudern ist erlaubt!
L geht herum, schaut, lobt, hilft und redet mit den Kindern

Sicherung

Wer fertig ist, kommt mit dem Heft in den Sitzkreis
Die Hefte werden auf den Boden gelegt und bewundert
Namen wiederholen: (Auf das Bild zeigen) Wie heißt dieses Kind?

Schluss

Nun kennen wir uns schon ein bisschen besser
Verabschiedung

Alternative: Zu dieser und den folgenden Stunden passt auch gut das Lied: »Jeder ist uns wichtig« aus dem Buch »Am Anfang«, S.14

3. Stunde: Das mag ich gern! Das mag ich nicht!

LZ: 1.1.1. Im Religionsunterricht zusammen kommen
Jeder hat besondere Eigenschaften und Fähigkeiten
QV: KR 1.1.1.; Eth 1/2.1.; D 1/2.1.1.; KuE 1.3.; MuE 1.4.2.

Material	kleines Arbeitsblatt (M 4), Karten in DIN-A5 mit lachendem und traurigem Gesicht
	Begrüßung, Lied: »He du, hallo du!« (Kindergesangbuch Nr. 179) Kennenlernspiel
Hinführung	L: Heute möchte ich mit einem Spiel beginnen. Dazu brauchst du eine Partnerin/einen Partner; bitte setzt euch auf zwei Stühle gegenüber *(bei ungerader Zahl macht L mit)* Nun habt ihr eine Minute Zeit: Das eine Kind fragt immer dasselbe: »Was magst du gern?« – Das zweite Kind sagt, was es gern mag. Eine Minute lang. Dann wird getauscht. Das zweite Kind fragt eine Minute lang: »Was magst du gern?«
Erarbeitung	im Sitzkreis Was ich gern mag, was ich nicht mag: *Gespräch: Spontane Schü.äußerungen* L: Hat euch das Spiel Spaß gemacht? Man lernt so das andere Kind besser kennen! Was magst du gern? Erzähle es uns allen. Nimm diese Karte (lachendes Gesicht), wenn du fertig bist, gib die Karte weiter! *Jedes Kind kommt dran, auch L* *L zeigt Karte mit dem traurigen Gesicht* Schü: Jetzt sollen wir sagen, was wir nicht mögen L: Bitte! – *Die Karte wird weitergereicht, Schü.äußerungen, auch L*
Sicherung	*Hefteintrag* *Die Schü erhalten das kleine Arbeitsblatt mit den zwei Gesichtern schneiden die zwei Abschnitte auseinander, kleben sie ins Heft ein (oben und in der Mitte) und malen dazu, was sie gern mögen und was sie nicht mögen (Auf der Rückseite der gestalteten Figur vom letzten Mal ist dafür Platz)*
Weiterführung	*Wer mit dem Heft fertig ist, kommt in den Sitzkreis* L: Was kannst du gut? Spiele es uns vor, wir raten! *Schü stellen szenisch Tätigkeit dar: malen, Fußball, radeln; Schü raten*
Schluss	Verabschiedung *Mögliche Weiterführung: L hat die zwei Karten mit dem lachenden und traurigen Gesicht zu Stundenbeginn immer dabei; die Schü, die etwas Schönes oder etwas Trauriges erlebt haben, dürfen sich die Karte nehmen und erzählen.*

Extra Stunde: Erntedankfest

QV: Eth 1/2.4. Brauchtum und Feste, HSU 1.6.3.

Material	Ein frisches Brot, Brotmesser, Erzählung (M 5), Buch: »Am Anfang«, Supermarkt-Prospekte, ein Plakatkarton DIN-A2
	Begrüßung, Lied: L singt es vor *»Nun lasst uns Gott dem Herren« (siehe »Am Anfang«, S. 16)*
Hinführung	L: Wer war am Sonntag in der Kirche? Weißt du, was für ein Fest das war? *Schü erzählen vom Erntedankfest* *Betrachten des Bildes in »Am Anfang« auf S.16*
Erarbeitung	Worum es beim Erntedankfest geht, steckt im Wort schon drin … *Schü.äußerungen* L: Da hab ich euch ein Brot mitgebracht, zu dem Brot möchte ich euch eine Geschichte erzählen. *Lvortrag (siehe M 5):* Reporter stellt sich mit einem Brot in die Stadt und fragt die Leute: Würden Sie eine Stunde für mich arbeiten? Dafür gebe ich Ihnen das Brot. Er tut das in Hamburg und in Nordafrika, mit sehr unterschiedlichen Reaktionen … *Schü.äußerungen, Gespräch* L: Viele Länder sind sehr arm, viele Menschen haben Hunger und bekommen nicht genug zu essen. Das ist schlimm. Es gibt zum Glück Menschen, die versuchen, den armen Menschen zu helfen, z.B. heißt eine Hilfsorganisation »Brot für die Welt«, davon erzähle ich dir ein anderes Mal noch mehr. Auch wenn ich manchmal nach der Schule ganz schön Hunger habe, ich weiß, dass ich genug zu essen bekomme. Dafür bin ich sehr dankbar. Nun möchte ich euch das Brot austeilen, jeder bekommt ein Stück. Während ihr esst, bitte ich euch, daran zu denken, wie gut ihr es habt, weil ihr genug zu essen habt. Wir danken dafür. *L teilt das Brot aus, wir essen gemeinsam* *evtl. weitere Schü.äußerungen, Gespräch*
Sicherung (falls Zeit ist)	*Wir gestalten ein Gemeinschaftsbild, eine Collage: »Wofür wir danken«* *Schü schneiden Bilder aus Supermarkt-Prospekten aus.*
Schluss	*passendes Dankgebet* *Verabschiedung*
	Anmerkung: Diese Stunde eignet sich auch gut für die ganze Klasse *Mögliche Weiterführung: Spendenaktion für Brot für die Welt starten*

4. Stunde: Mich gibt es nur einmal

LZ: 1.1.1. Im Religionsunterricht zusammenkommen
Jeder hat besondere Eigenschaften und Fähigkeiten
QV: KR 1.1.1.; Eth 1/2.1.; PL 1/2.1.;

Material

Kindergesangbuch, Wasserfarben, Gläser mit Wasser, kopierte Überschrift (M 3)

Begrüßung, Lied: »He du, hallo du!« (Kindergesangbuch Nr. 179)
Kennenlernspiel

Hinführung

(im Sitzkreis)
Spiel: Alle Schü stehen, L denkt sich ein Kind.
L: Mein Kind hat dunkle Haare. – *Alle Kinder, die nicht dunkle Haare haben, setzen sich hin.* L: Mein Kind hat einen Pferdeschwanz ... *So lange, bis nur noch ein Kind in der Mitte steht; drei bis vier Durchgänge*

Erarbeitung

L: Bei diesem Spiel bleibt am Ende ein Kind stehen, und das ist auch ganz klar, denn jeden Menschen gibt es nur einmal. Manche sind sich ähnlich, zum Beispiel Zwillinge, manche ziehen sich gleich an, aber ganz gleich sind keine zwei.
Und das, obwohl es so viele Menschen gibt! Ist das nicht toll?
Schü.äußerungen
Weiteres Gespräch
Es ist gut, dass jeder verschieden ist; manche mögen Rad fahren gern, andere schwimmen lieber – es wäre furchtbar, wenn alle Menschen gleich wären!
Jeder Mensch ist etwas ganz besonderes!

L: Meinst du, du kannst jemand nur an den Armen und Händen erkennen?
Spiel: Alle Kinder halten sich die Augen zu, L deckt ein Kind mit einer Decke so zu, dass nur die Hände herausschauen. Wer ist das?
L: Wisst ihr denn, dass die Polizei nicht einmal die Hand sehen muss, um jemand zu erkennen? Schü: Sie macht Fingerabdrücke!
L: Das machen wir jetzt!
Alle Hefte werden aufgeschlagen auf die Tische gelegt.
(Nun wird die freigelassene zweite Seite im Heft benutzt.)
Jedes Kind klebt die Überschrift in sein Heft und schreibt seinen Namen auf.
Im ersten Durchgang hat jedes Kind einen Bleistift dabei und schreibt in jedes Heft irgendwo auf die Seite seinen Namen. Bitte der Reihe nach!
Nun werden die Wasserfarben gebraucht. Jedes Kind hat die Wasserfarben in der Hand und geht von Tisch zu Tisch. Die Wassergläser bleiben auf den Tischen stehen!
Tauche deinen Finger ins Wasserglas, drücke den nassen Finger in eine Farbe, dann machst du einen Fingerabdruck in jedes Heft, zu deinem Namen!
Am Ende die Wasserfarben aufräumen und die Hände waschen!

Sicherung,
Schluss

Kurzes abschließendes Gespräch, Betrachten der Hefteinträge
evtl. ein Spiel s.o. nochmal spielen,
Verabschiedung

5. Stunde: Jeder ist wichtig!

LZ: 1.1.1. Im Religionsunterricht zusammen kommen
Jeder ist wichtig
QV: PL 1/2.1.; KR 1.1.1.; D 1/2.1.1.;

Material
Bilder von Stars aus Zeitschriften; ein Siegerpodest, aus drei Blättern Papier mit den Zahlen 1, 2, 3 zusammengestellt; drei Bilder: ein Star, ein »Kind wie du und ich«, ein armes Kind; die fertigen Fotos der Kinder und Kopien davon, kopierte Überschrift (M 3), Kindergesangbuch

Begrüßung, Lied: »He du, hallo du!« (Kindergesangbuch Nr. 179)

Hinführung
(im Sitzkreis)
L legt »Podest« aus Papier hin: 1. Platz (das größte Papier in der Mitte); 2. und 3. Platz auf Papier, das etwas kleiner geschnitten wurde
Schü: Das braucht man für einen Wettbewerb, bei der Olympiade
Der Beste kommt auf den ersten Platz

Erarbeitung
L: Heute geht es aber nicht darum, wer am schnellsten läuft oder am weitesten springt. Ich möchte wissen: Wer ist am wichtigsten?
Ich habe drei Bilder mitgebracht *(zeigt)*
Schü.äußerungen: Das ist ... *(den Star kennen alle)*: das ist ein Kind, das sieht so ähnlich aus wie wir; das ist ein armes Kind ...
L: Wer ist am wichtigsten? Lege das Bild auf den 1. Platz! Warum? Wer ist am zweitwichtigsten? Warum? Oder hast du eine andere Meinung?
Gespräch, L hält sich zurück, die Bilder werden je nach Vorschlag der Kinder gelegt
Schü kommen u.U. selbst darauf: Jeder muss auf den ersten Platz!
Jeder ist gleich wichtig! Jeder ist gleich viel wert!
Evtl. L: Wer ist für deine Mutter am wichtigsten? Schü: Ich natürlich. Die Mutter von dem armen Kind, wen findet die am wichtigsten?
So werden am Schluss alle Bilder auf die Nummer 1 gelegt.
L hat die Fotos der Schüler, die werden auch noch auf den ersten Platz gelegt.

Sicherung
L: Nun dürft ihr wieder einen schönen Hefteintrag machen *(zeigt)*:
Erst klebst du die Überschrift ein. Jeder ist wichtig!
Dann darfst du dir drei Bilder aus den Zeitschriften aussuchen. Lasse aber Platz, denn dein Foto muss auch noch hin.
Schü gestalten den Hefteintrag auf dem Platz: Überschrift, dazu 2 bis 3 Bilder von Stars aus Zeitschriften kleben, unten das kopierte Foto vom Kind dazu mit der Schrift: »Ich auch!«

Schluss
Kurze Zusammenfassung, Hefteinträge anschauen,
evtl. noch einmal ein Kennenlernspiel, Verabschiedung

Weiterführung: Mit den Fotos der Schü wird, in einer eigenen Stunde, ein Plakat gestaltet: »Unsere Religionsgruppe«; die Namen dazu schreiben und aufhängen

6. Stunde: Ich bin so wie ich bin

LZ: 1.1.1. Im Religionsunterricht zusammen kommen
Jeder hat besondere Eigenschaften und Fähigkeiten
QV: PL 1/2.1.; KR 1.1.1.; Eth 1/2.1.; D 1/2.1.1.

Material

Bild von einem bekannten Star, Erzählung (M 6), Arbeitsblatt Bild Nilpferd (M 6), kopierte Überschrift (M 3), Kindergesangbuch

Begrüßung, Lied: »He du, hallo du!« (Kindergesangbuch Nr. 179)

Hinführung

(im Sitzkreis)
L zeigt Bild von einem Star (siehe letzte Stunde)
Kurze Wiederholung des Stoffs: Jeder ist wichtig
L: Ein Mädchen hat ein Poster von … an der Wand hängen, sie denkt: Ja, ich weiß schon, dass ich auch wichtig bin, aber ich hätte so gern so eine tolle Frisur wie…
Schü.äußerungen
L: Denkst du dir auch manchmal, du möchtest aussehen wie jemand anders?

Erarbeitung

L: Heute hört ihr eine Geschichte von einem Nilpferd.
Es würde auch gerne aussehen wie jemand anders …
L: Erzählung (M 6)
Gespräch, Schü.äußerungen
Das Nilpferd will immer jemand anders sein.
Was sagst du zu der Geschichte?
Können wir etwas aus der Geschichte lernen?
Stell dir vor: Das Mädchen hätte gern die Haare von Britney Spears, das Gesicht von Jennifer Lopez, die Kleider von Robbie Williams … Das sähe wirklich zum Lachen aus, wie das Nilpferd mit Giraffenhals.
Ich bin so wie ich bin, ich sehe so und nicht anders aus – und es wäre schön, wenn du dich, so wie das Nilpferd am Ende, so wie du bist wohlfühlst!

Sicherung

Nun bekommst du eine lustige Aufgabe *(zeigt Bild vom Nilpferd)*
Schü: Wir sollen das Nilpferd malen
Wiederholen: Das Nilpferd hat Ohren vom Elefant, das Fell vom Leopard …
Schü gestalten den Hefteintrag am Platz mit Buntstiften oder Wachsmalkreiden
Sie kleben die Überschrift dazu: Die Geschichte vom Nilpferd

Schluss

Bilder im Sitzkreis gemeinsam anschauen
Wie wäre das: Wenn Eltern ein Kind wollen, können sie im Katalog auswählen und mit Mausklick das Gesicht, die Haare aussuchen … Das wäre furchtbar!
Dann gäbe es dich nicht nur einmal *(siehe 4. Stunde)*
Kurzes abschließendes Gespräch, Verabschiedung

Alternative: Aus Zeitschriften ausschneiden und Collage zusammenstellen: Gesicht vorgeben, Nase, Haare, Ohren, Mund von jemand anders dazukleben.

7. Stunde: Tim will nicht mehr Tim sein

LZ: 1.1.1. Im Religionsunterricht zusammen kommen
Jeder hat besondere Eigenschaften und Fähigkeiten
QV: PL 1/2.1.; KR 1.1.1.; Eth 1/2.1.

Material

Vorlesebuch Religion 1, Arbeitsblatt mit Tim (M 7), kopierte Überschrift (M 3), Kindergesangbuch

Begrüßung, Lied: »He du, hallo du!« (Kindergesangbuch Nr. 179)

Hinführung

Wiederholung der letzten Stunde:
Das Nilpferd wollte anders sein, aber am Schluss hat es sich gedacht:
Ich bin so, wie ich bin!
Diese Geschichte sollte man dem Tim vorlesen …

Erarbeitung

… denn: Tim will nicht mehr Tim sein, so heißt die Geschichte, die ich euch heute mitgebracht habe
L: Erzählung: Tim will nicht mehr Tim sein (aus dem Vorlesebuch Religion, S.57)
Gespräch, Schü.äußerungen
Warum will Tim anders sein?
Was kann er machen, wenn er geärgert wird?
Kennst du das?
Der Vater hat den Tim lieb, so wie er ist!

Sicherung

Hier siehst du den Tim, du bekommst ihn für dein Heft, klebe ihn unten hin.
Male eine Denkblase *(zeigen!)*, so wie im Comic, und male hinein, wie Tim gerne sein möchte. *Wiederholen:* Wie möchte er sein? Groß und stark …
Du kannst auch noch den Vater dazu malen oder auch den Tim, der am Ende doch wieder getröstet ist. Bitte klebe die Überschrift dazu.
Schü gestalten Hefteintrag

Schluss

Im Sitzkreis Betrachten der Hefteinträge, kurzes abschließendes Gespräch, Verabschiedung

Anmerkung: Diese Unterrichtsstunde ist von der Intention her ähnlich wie die vom Nilpferd. Eine der beiden könnte weggelassen werden.

8. Stunde: Wir können uns freuen und traurig sein
(erste von zwei Stunden)

LZ: 1.1.1. Im Religionsunterricht zusammen kommen
Einander kennen lernen; Wir können uns freuen und traurig sein
QV: KR 1.1.1.; Eth 1/2.1.; D 1/2.1.3.; 1/2.5.

Material	Buch: »Liebe Oma, Deine Susi« von Christine Nöstlinger – Kopien vom Deckblatt anfertigen, 2 Karten von der 3. Unterrichtsstunde: lachendes und trauriges Gesicht
	Begrüßung *Gemeinsam das neue Lied lernen: »Wenn ich fröhlich bin …« (M 8)*
Hinführung	*L zeigt die zwei Karten mit dem lachenden und traurigen Gesicht* Schü: Wir haben erzählt, was wir gern mögen, was wir nicht gern mögen L: Heute lese ich euch aus einem Buch vor *(zeigt)*
Erarbeitung	In diesem Buch schreibt die Susi ihrer Oma viele Briefe aus dem Urlaub. Über manche Sachen freut die Susi sich *(Karte lachendes Gesicht)*, manchmal ist die Susi aber auch traurig *(Karte trauriges Gesicht)* Während ich euch vorlese, dürft ihr malen: Ich habe euch die Vorderseite vom Buch kopiert, die könnt ihr ausmalen. Ihr habt aber auch Platz, um selber noch die Susi dazuzumalen oder etwas, was zu der Geschichte passt. Wenn ihr etwas zu der Geschichte sagen möchtet, meldet euch bitte. *Schü erhalten das Bild, kleben es ins Heft, gestalten Eintrag,* *während L teils vorliest, teils erzählt.* *Die Geschichte ist recht lang und muss gekürzt werden!* *In dieser ersten Stunde mehr als die Hälfte des Buches erzählen.* *Im Gespräch herausarbeiten:* *Über was freut sich Susi? Worüber ist sie traurig?*
Sicherung, Schluss	*Kurzes zusammenfassendes Gespräch* *Ausblick:* In der nächsten Stunde hörst du die Geschichte zu Ende! *Verabschiedung* *Anmerkung: Es eignen sich auch andere Kinderbücher mit diesem Thema*

9. Stunde: Wir können uns freuen und traurig sein
(zweite von zwei Stunden)

LZ: 1.1.1. Im Religionsunterricht zusammen kommen
Einander kennen lernen; Wir können uns freuen und traurig sein
QV: KR 1.1.1.; Eth 1/2.1.; D 1/2.1.3.; 1/2.5.

Material	Buch: »Liebe Oma, Deine Susi« von Christine Nöstlinger, kopierte Überschrift (M 3), zwei Karten von der dritten Unterrichtsstunde: lachendes und trauriges Gesicht
	Begrüßung, Lied: »Wenn ich fröhlich bin ...« (M 8)
Hinführung	*Anknüpfen an die letzte Stunde:* Erzähle von Susi: Was freut sie? Was macht sie traurig?
Erarbeitung	Bevor ich euch die Geschichte fertig lese, möchte ich von euch wissen: Was hat dich gefreut? Was hat dich geärgert oder traurig gemacht? Die Karten mit dem lachenden und dem traurigen Gesicht gebe ich weiter, du suchst dir eine Karte aus und erzählst etwas Schönes oder etwas Ärgerliches oder beides. *Schü.äußerungen* *Gespräch*
Sicherung	Nun klebe die Überschrift in dein Heft: Ich kann mich freuen und traurig sein Du malst diesmal selber zwei Gesichter: Oben ein lachendes Gesicht, da malst du etwas, was dich gefreut hat. Unter das traurige Gesicht malst du etwas, was dich traurig oder sauer gemacht hat. Während du malst, lese ich dir die Geschichte fertig vor. *Schü gestalten Eintrag,* *L liest, evtl. unterbrochen durch Gespräch*
Schluss	*kurze Zusammenfassung* *Verabschiedung*
	Anmerkung: *Der Hefteintrag sieht ähnlich aus wie der von der 3. Unterrichtsstunde und ist gegebenenfalls verzichtbar.* *Mögliche Alternativen: Fröhlich sein und traurig sein mit Instrumenten ausdrücken, oder auch einen Eintrag gestalten, der sich auf die Geschichte von Susi bezieht.*

10. Stunde: Das ist zum Staunen!

LZ: 1.1.2. Miteinander lernen; Miteinander Fragen stellen und Antworten suchen; Wir können über viele Dinge staunen
QV: KR 1.1.2.; D 1/2.5.5.

Material	Tierbücher, Rekordbücher (aus einer Bücherei, z.B. »A. Tison & T. Taylor: Das große Tierbuch der Rekorde«; M. u. H. Dossenbach: »Spitze! Höchstleistungen im Tierreich« oder Mark Carwadine: »Guinness Buch der Tierrekorde«), daraus evtl. 1 bis 2 Bilder kopieren, Überschrift (siehe Anmerkung unten), Lied (M 8)

Begrüßung, Lied: »Wenn ich fröhlich bin ...« (M 8)

Hinführung *L zeigt viele Bilderbücher:*
In der Natur gibt es viel zum Staunen!

Erarbeitung *Naturrätsel:*
Welches ist das größte, das schnellste Tier? Der älteste Baum?
Die Ameise kann viel schleppen, der Floh kann weit springen ...
Vorwissen der Kinder einbringen
Schü haben ein paar Minuten Gelegenheit, die Bücher anzuschauen und sich interessante Bilder zu zeigen
Gespräch:
Vieles in der Natur ist zum Staunen.
Worüber staunst du? Warum ist das alles so?
Hast du dich das auch schon gefragt, woher das alles kommt?
Die Natur ist schön!
Auf anderen Planeten gibt es keine Luft, kein Wasser.
Auf der Welt haben Menschen, Tiere, Pflanzen alles, was sie zum Leben brauchen.
Wir Christen sagen: Das hat Gott gemacht, auch in der Natur steckt Gottes Kraft.
Den Schü die Möglichkeit geben, Gottesvorstellungen zu äußern

Sicherung *Evtl.: Hefteintrag mit Überschrift: Das ist zum Staunen! Dazu 1 bis 2 Tierrekorde*
Male, was du zum Staunen findest! *(siehe Anmerkung unten)*

Schluss *Zusammenfassendes Gespräch,*
Ausblick: Wo alles her kommt, warum alles so ist, darüber werden wir im Religionsunterricht noch öfter sprechen
Verabschiedung

Anmerkung:
Der Hefteintrag ist schwierig, weil er nicht konkret ist. Und er führt eigentlich vom Thema weg, wenn sich die Kinder an den Rekorden festbeißen. Ich stelle das Gespräch in den Mittelpunkt und gestalte keinen Hefteintrag.

11. Stunde: Beten

LZ: 2.7. aus der 2. Klasse vorweggenommen: Sich im Gebet an Gott wenden
QV: KR 1.1.2.

Material

kopiert: Überschrift »wir beten«, »bitte«, »danke« (M 3), Gebet (M 9)

Begrüßung, Lied: »Wenn ich fröhlich bin ...« (M 8)

Hinführung

L erzählt: Als ich klein war, so alt wie du, war ich mit meinen Geschwistern allein daheim. Es war Abend, die Eltern waren im Kino, meine Geschwister haben geschlafen. Da habe ich plötzlich eine Feuerwehrsirene gehört – tatütata – und mir wurde ganz schlecht vor Angst: Brennt es bei uns? Bestimmt brennt es im Keller! Sind da nicht komische Geräusche? Und wie es so ist: Ich konnte mich vor Angst nicht rühren. Ich konnte nicht aufstehen und nachschauen! Da habe ich die Hände gefaltet (zeigen) und gebetet: Lieber Gott, bitte mach, dass es nicht brennt! Ich habe gebetet und gebetet, und: Die Angst wurde weniger. Die Feuerwehr war weg, die Geräusche kamen mir nicht mehr so gefährlich vor. Schließlich habe ich gebetet: Danke, lieber Gott! und bin eingeschlafen.

Erarbeitung

Gespräch, Vorerfahrungen der Kinder einbringen
Beten ist: Sprechen mit Gott, nachdenken mit Gott.
Wann kann ich beten? Abends, morgens, vor dem Essen, immer.
Wenn ich Angst habe, traurig bin, auch wenn ich froh bin.
Ich weiß: Der liebe Gott hört mir zu.
Er kann mir Kraft geben, wenn ich verzweifelt bin.
Er freut sich mit mir, wenn ich fröhlich bin.
Ich kann dem lieben Gott für etwas danken, zum Beispiel ...
Oder ich kann ihn um etwas bitten, zum Beispiel ...
Ich möchte ab heute die Religionsstunde mit einem Gebet beenden,
das lernst du beim nächsten Mal!

Sicherung

Bitte klebe die Überschrift ins Heft und unten ins Heft das Gebet.
Oben kommt das Wort »danke«: Male etwas, wofür du danken kannst.
»Bitte« klebst du darunter und malst etwas. – Wenn du malen willst:
Bitte, mach, dass es nicht brennt, dann malst du ein Feuer und streichst es durch!
Schü gestalten Hefteintrag

Schluss

Im Sitzkreis zeigen die Kinder, was sie gemalt haben
L: Nun möchte ich ein Gebet mit euch sprechen, bitte faltet die Hände!
L betet: »Lieber Gott, ich bitte dich, schau auch diesen Tag auf mich.
Was ich denke, sage, tu, gib deinen Segen mir dazu.«
L betet eigene Worte: Lieber Gott, ich danke dir für ..., Ich bitte dich, dass ...
Amen
Verabschiedung

Anmerkung: Diese Einführungsstunden sind nötig, um die Kinder mit dem Beten vertraut zu machen. Das ist m.E. jetzt, in der ersten Klasse, angebracht. Im Lehrplan steht das Gebet als Thema erst in der zweiten Klasse.

12. Stunde: Wir lernen ein Gebet

LZ: 2.7. aus der 2. Klasse vorweggenommen: Sich im Gebet an Gott wenden
QV: KR 1.1.2.

Material	Buch: »Kinderbriefe an den lieben Gott«, Gebet (M 9)
	Begrüßung, Lied: »Wenn ich fröhlich bin ...« (M 8)
Hinführung	*L liest einen »Kinderbrief« vor*
Erarbeitung	*Wiederholen und Vertiefen der letzten Stunde im Gespräch:* Was ist beten, wie kann ich beten, was kann ich beten? L: Ich lese dir noch ein paar »Kinderbriefe an den lieben Gott« vor. Die Briefe sind so ähnlich wie Gebete. *L liest vor, Schü.äußerungen dazu*
	L: Das Gebet, das ich beim letzten Mal gesprochen habe, habt ihr schon ins Heft geklebt. So viel könnt ihr noch nicht lesen, aber bestimmt bald. Ihr braucht es nicht extra zu lernen, denn ich bin sicher, ihr könnt es bald mitsprechen, es geht so: *(Zeile für Zeile sprechen und nachsprechen lassen)* Was heißt Segen? In der Kirche segnet uns der Pfarrer: Er gibt uns Gottes Schutz und Gottes gute Kraft. Was heißt »Amen«?: So sei es! Das ist das Ende von jedem Gebet.
Sicherung	Bitte male einen schönen Schmuckrand um das Gebet herum! *Schü gestalten Hefteintrag vom letzten Mal fertig*
Schluss	*Schü zeigen im Sitzkreis Hefteintrag* *L spricht das neue Gebet, die Schü sprechen mit.* L sagt ein persönliches Gebet dazu . Möchte von euch jemand dem lieben Gott für etwas danken oder um etwas bitten? *(Das fragt L nun immer)* *Evtl. Gebete der Kinder* L: Und wir sagen gemeinsam: Amen *Verabschiedung*

13. Stunde: Sankt Martin teilt und hilft

LZ: 1.1.3. Gemeinschaft gestalten; erleben, wie miteinander zu teilen das Leben reicher machen kann: Martin sieht die Not des Bettlers. Er ist zum Teilen bereit. Diese Begegnung verändert sein Leben.
QV: PL 1/2.4.; KR 1.2.3.; MuE 1.1.1.

Material

Buch: »Martin von Tours«; rote Papierservietten oder Tonpapier, das Lied aus dem Kindergesangbuch Nr. 87 kopiert, kopierte Überschrift (M 3)

Begrüßung

Hinführung

Am 11.11. ist ein besonderer Tag... Schü/L: der Martinstag
Vorwissen sammeln
Heute hörst du die Geschichte von Sankt Martin, und wir lernen ein Lied, das geht so: »Ein Bettler saß im kalten Schnee ...« *gemeinsam singen*

Erarbeitung

L: Ihr wisst schon einiges vom heiligen Martin, doch heute möchte ich euch die Geschichte von Anfang bis Ende erzählen
Lesen, zum Teil gekürzt erzählen, in Anlehnung an das Buch: Martin von Tours bis zur Szene, in der Martin den Mantel teilt
Gespräch: Warum macht Martin das? Wie fühlt sich der Bettler vorher und nachher? Wie fühlt sich Martin vorher und nachher?
Teilen ist schön für beide!
L: Während ich die Geschichte weitererzähle, darfst du im Heft den Martin und den Bettler malen. Den schönen roten Mantel schneidest du aus (*zeigen!*), dann teilst du ihn mit der Schere in zwei Hälften und klebst jedem ein Teil in die Hand.
Darüber klebst du noch die Überschrift und das Lied.
(*praktische Anmerkung: Die Serviette schaut echter aus, ist aber schwieriger zu schneiden und zu kleben als Tonpapier; man muss den Mantel von der geprägten Außenkante aus schneiden, sonst fällt die Serviette auseinander.*)
Schü gestalten Hefteintrag, malen, schneiden und kleben
L erzählt (stark gekürzt) die Geschichte fertig

Sicherung, Schluss

Kurzes zusammenfassendes Gespräch
Ausblick: Das Teilen ist eine schöne Sache!
Beim nächsten Mal hörst du noch eine Geschichte dazu!
Gebet, auch auf Sankt Martin Bezug nehmend; Verabschiedung

Alternativen: Im Lehrplan ist angeregt, eine gemeinsame Martinsfeier als »Fest des Teilens« zu veranstalten. Das ist in diesem Entwurf nicht berücksichtigt, da der Martinstag ungünstig direkt nach den Herbstferien liegt. Wenn man dieses Fest feiern möchte, zieht man das Thema vor. Schön wäre es, in Absprache mit der WTG-Lehrerin Laternen zu basteln; QV WTG 1.3.1..
Es gibt auch weitere Lieder (z. B. Kindergesangbuch Nr. 86); QV MuE 1.1.1.

14. Stunde: Das schönste Martinslicht

LZ: 1.1.3. Gemeinschaft gestalten; Teilen ist nicht immer leicht, aber es ist für unser Zusammenleben in der Gemeinschaft wichtig.
QV: PL 1/2.4.; KR 1.2.3.; HSU 1.4.1.

Material

Laterne, Vorlesebuch Religion 1, schwarzes (Ton-)Papier, das etwas kleiner geschnitten wird, damit es ins Heft passt, kopierte Überschrift (M 3), Kindergesangbuch oder kopiertes Lied aus der 13. Stunde

Der Raum ist verdunkelt
Begrüßung, Lied: »Ein Bettler saß im kalten Schnee« (Kindergesangbuch Nr. 87)

Hinführung

L: Im kalten Schnee saß der Bettler und dunkel war es auch.
Was passierte dann?
Schü wiederholen: Martin schenkte dem Bettler seinen halben Mantel
L zündet Kerze der Laterne an:
Die Laterne bringt Wärme und Licht.
Das Licht ist ein Zeichen für Freude, für Hoffnung.
So wie es vom Licht hell und warm wird, so wurde es für den Bettler warm und in seinem Herzen hell und froh, als Martin ihm die Mantelhälfte schenkte.
Daher gehen wir am Martinstag mit Laternen durch die Straßen.

Erarbeitung

Heute hört ihr eine Geschichte, die gut dazu passt:
L: Erzählung »Das schönste Martinslicht« (Vorlesebuch Religion 1, S. 74, allerdings habe ich eigenmächtig den Schluss geändert: Martin ist traurig, aber auch froh; er erzählt alles der Mutter und bekommt eine neue Laterne; am nächsten Abend gehen sie mit der neuen Laterne hinaus)
Gespräch entsprechend der letzten Stunde:
Wie fühlt sich das Kind, wie fühlt sich Martin?
Teilen macht beide froh *(deswegen die Änderung der Geschichte)*
Noch einmal auf das Symbol Licht eingehen:
Auch für das Kind, das die Laterne bekommt, wird es hell!

Sicherung

(Vorhänge wieder öffnen)
L: Male ein Bild zur Geschichte; male auf das schwarze Papier, denn es ist ja Nacht.
Schü gestalten Hefteintrag,
kleben Überschrift dazu: Martin schenkt seine Laterne her.
Evtl. weiteres Gespräch

Schluss

Gebet, auch über das Teilen
Verabschiedung

15. Stunde: Wir teilen und helfen

LZ: 1.1.3. Gemeinschaft gestalten; Teilen ist nicht immer leicht, aber es ist für unser Zusammenleben in der Gemeinschaft wichtig
QV: PL 1/2.4.; KR 1.2.3.; HSU 1.4.1.

Material

Etwas zum Teilen, z.B. eine Tüte Salzbrezeln; verschiedenfarbige Papierstreifen mit der Aufschrift: Teilen ist schön! (So viele Papierstreifen, wie es Kinder sind), kopierte Überschrift (M3), Kindergesangbuch oder kopiertes Lied aus der 13. Stunde

Begrüßung, Lied: »Ein Bettler saß im kalten Schnee« (Kindergesangbuch Nr. 87)

Hinführung

L gibt der Hälfte der Kinder je 4 Salzbrezeln
Schü: Wir sollen teilen
L: Dann macht das mal!
Schü teilen, bis jeder zwei hat; sie dürfen sie essen

Erarbeitung

L: Vom Teilen habt ihr nun schon zwei Geschichten gehört; heute möchte ich euch erzählen lassen: Sicher hast du schon einmal etwas geteilt, oder jemand hat etwas mit dir geteilt?
Schü.äußerungen
Gespräch: Teilen ist schön: Wer etwas bekommt, freut sich. Und darüber freut sich der, der etwas hergegeben hat.
Manchmal ist teilen aber auch schwierig! Vorhin hätten die Kinder, die 4 Brezeln hatten, vielleicht auch gern alle allein aufgegessen. Teilen ist nicht immer einfach, aber es ist umso toller, wenn du es trotzdem schaffst – so wie Martin in der Geschichte

Sicherung

Male ein Bild vom Teilen! Male, wie du etwas geteilt hast! Ich schreibe es für dich auf! Klebe die Überschrift ein!
Schü gestalten Hefteintrag
L geht herum und schaut; schreibt dazu, was und mit wem das Kind geteilt hat (z.B.: Ich teile meinen Apfel mit Stefanie)
Treffen im Sitzkreis
L: Nun machen wir noch ein Spiel zum Teilen:
Jeder bekommt einen bunten Zettel, was steht darauf? »Teilen ist schön«.
Den Zettel darfst du mit der Schere teilen. Vielleicht hast du einen blauen Zettel und magst das Wort »schön« tauschen mit einem Kind, das einen roten Zettel hat. Wenn du zweimal teilst und tauschst, dann ist dein Satz noch bunter. Am Ende sollst du ihn ins Heft kleben, dort, wo noch Platz ist auf deinem Bild.
Papierstreifen austeilen, teilen, tauschen, einkleben

Schluss

Gebet, Verabschiedung

16. Stunde: Armen Kindern helfen

LZ: 1.1.3. Gemeinschaft gestalten
QV: PL 1/2.3.

Material

Bilder (M 11) – auf Folie kopiert – und Geschichte (M 10), Tageslichtprojektor, möglichst buntes Holzkreuz aus El Savador im Original, an-
sonsten kolorierte Folie davon (M 12) , Plakat von »Brot für die Welt«,
kopierte Überschrift (M 3), Material von Brot für die Welt oder »vamos«
zum Einkleben oder Kopien davon, Kindergesangbuch oder kopiertes
Lied aus der 13. Stunde

*Begrüßung, Lied: »Ein Bettler saß im kalten Schnee« (Kindergesangbuch
Nr. 87)*

Hinführung

Anschluss an das Thema »Teilen«
Heute geht es noch weiter, ziemlich weit weg sogar. Weil das so weit weg
ist, vergessen es die Menschen hier manchmal: Dass es vielen anderen
Menschen auf der Welt nicht gut geht, dass viele Menschen auf der Welt
arm sind und wir auch mit ihnen teilen sollten. Höre, wie ich das meine:

Erarbeitung

*L erzählt Geschichte von Cecilia, zeigt Bilder auf dem Tageslichtprojektor
dazu*
Ein Mädchen in San Salvador bekommt Hilfe für den Bruder in einem
Krankenhaus, das von Christen aus Deutschland finanziert wird.
Schü.äußerungen dazu; L zeigt auch Holzkreuze von »vamos«; Gespräch
L: Liebe Kinder, ihr könnt Cecilia noch nicht viel helfen, denn ihr habt ja
nicht viel eigenes Geld, ich möchte auch kein Geld von euch einsammeln.
Aber ich bitte euch: Wenn ihr groß seid und Geld verdient, gebt ab und
zu etwas den armen Menschen ab. Habt ihr schon einmal so ein Plakat ge-
sehen? (*»Brot für die Welt«-Plakat zeigen*)
Auch das ist eine gute Sache. Wer dafür Geld spendet, hilft armen Menschen.

Sicherung

Ein Bild von »vamos« bzw. von »Brot für die Welt« habe ich für euch
(kopiert), das dürft ihr nun ins Heft kleben, bitte auch die Überschrift dazukleben
Schü gestalten Hefteintrag; wer möchte, kann noch etwas dazu malen.

Schluss

*Gebet, auch: ... dass wir arme Kinder nicht vergessen;
Verabschiedung*

*Alternative: In dieser Stunde kann auch ein Projekt von »Brot für die
Welt« vorgestellt werden. Material ist erhaltlich bei: Brot für die Welt,
Staffflenbergstraße 76, 70184 Stuttgart, Tel.: 0711/2159-0; Fax: -368;
www.brot-fuer-die-welt.de
Über »vamos« können Sie sich informieren oder El-Salvador-Kreuze be-
stellen bei Christa Moser, Ludwig-Thoma-Str.12, 82205 Gilching,
Tel./Fax: 08105/22193*

2. THEMENBEREICH:
Miteinander zur Krippe gehen

Lernziele

1.2. Miteinander zur Krippe gehen
1.2.1. Advent – Zeit der Besinnung
1.2.2. Weihnachten – ein Fest für alle

QV: KR 1.3., Ethik 1/2.2., 1/2.4., HSU 1.4.1., 1.6.3., KE 1.2., MuB 1.1.1., WTG1.3.1.

*Stoffverteilungs-
plan für
Dezember*

1. Advent Adventsbräuche	1.2.1.
2. Stille ist schön Meditation; Adventskranz gestalten	1.2.1.
3. Das Bild der 1000 Wünsche Geschichte über Weihnachten in der Kriegszeit	1.2.2.
4. Die Hirten Vieles macht das Leben der Hirten schwer	1.2.2.
5. Die Weihnachtsgeschichte Die Hirten erfahren die gute Botschaft zuerst	1.2.2.
6. Wir basteln für Weihnachten	1.2.2.

Alternativen (siehe Lehrplan):

Krippenspiel einüben	QV MuE 1.4.2.
Eine Bilderbuchausstellung aufbauen	QV D 1/2.5.1.
Ein Klassenbilderbuch gestalten	QV D 1/2.3.1.
Kreatives Gestalten für sozial-karitative Einrichtungen	QV KR 1.3., KuE 1.2., WTG 1.3.1.

*Im Vorlesebuch Religion 3 sind weitere empfehlenswerte Geschichten
zum Themenkreis Weihnachten zu finden*

1. Stunde: Advent

LZ: 1.2. Miteinander zur Krippe gehen
1.2.1. Advent – Zeit der Besinnung
QV: KR 1.3.; HSU 1.6.3.; KuE 1.2.; MuE 1.1.1.

Material
Wasserfarben, Zeitungspapier oder Schmierpapier (das Papier kann bedruckt sein, dadurch wirkt der Adventskranz echter); Adventskranz, Kindergesangbuch

Begrüßung

Hinführung
(am besten im verdunkelten Zimmer bei Kerzenschein)
Schaut, der Adventskranz! Seit Sonntag sind wir in der Adventszeit.
Advent und Weihnachten sind natürlich wunderschöne Themen für Religion!
Und dazu gehören Weihnachtslieder, zum Beispiel dieses:
Lernen/singen eines Advents- oder Weihnachtsliedes, z.B. Zumba, zumba (Kindergesangbuch Nr. 37); Seht, die gute Zeit ist nah 1. Strophe (Kindergesangbuch Nr. 27)
(Möglichst sind das schon die Lieder, die im Schulgottesdienst gesungen werden)

Erarbeitung
Gespräch: Was gehört alles zur Adventszeit dazu?
Schü: Kerzen, basteln, Plätzchen, Lieder, Adventskalender …
Warum ist die Adventszeit eine besondere Zeit?
Schü: Alle freuen sich auf Weihnachten! Es ist so gemütlich und so schön friedlich, wenn die Kerzen brennen …
Warum freust du dich auf Weihnachten?
Schü: Wegen der Geschenke
Warum gibt es an Weihnachten Geschenke? *Schü.äußerungen*
L: Jesus ist wie ein Geschenk von Gott an die Menschen. – Auch die heiligen drei Könige haben Jesus Geschenke gebracht.
Da sieht man auch gleich, warum wir uns etwas schenken:
Gott hat uns Jesus geschenkt, weil er uns liebt und uns Freude machen wollte. Die drei heiligen Könige wollten Jesus eine Freude machen. Und ihr wollt euren Eltern eine Freude machen und eure Eltern euch!
Gespräch

**Sicherung/
Gestaltung**
(Licht an)
L: Heute und beim nächsten Mal möchte ich einen schönen Adventskranz mit euch gestalten, das geht so:
L erklärt und zeigt: bedrucktes Papier (ca. ein DIN-A4-Blatt), das mit grünen Farben angemalt wird. Das muss bis zum nächsten Mal trocknen.
Schü gestalten das Papier für den Adventskranz

Schluss
Im Sitzkreis die Kinder sammeln, mit dem gemeinsamen Gebet die Stunde beenden, Verabschiedung

Anmerkung: Trotz aller Vorsätze und Bemühungen ist die Vorweihnachtszeit eine Zeit, in der die Kinder vor Aufregung und Erschöpfung sehr unruhig sind. Darauf muss man sich einstellen und gegensteuern, so gut es geht. Viel malen, gestalten und vorlesen!

2. Stunde: Stille ist schön

LZ: 1.2.1. Advent – Zeit der Besinnung
Die Adventszeit als stille Zeit erleben; Stille als Gegenpol zur Hektik um uns erleben; innere Ruhe und friedfertiges Verhalten anstreben.
QV: KR 1.3.; Eth 1/2.4.

Material

Das eingefärbte Papier der letzten Stunde, rote Tonpapierstreifen (ca. 2 cm breit), goldenes Papier mit vorgemalten Ellipsen (z.B. mit Mengenlehre-Schablone), kleine gelbe Stücke aus festem gelben Papier mit aufgemalter Kerzenflamme, Musik (z.B. von H.-J. Hufeisen: Inmitten der Nacht), CD-Player, Adventskranz, Kindergesangbuch

Begrüßung, Lied: z.B. »Seht, die gute Zeit ist nah« (Kindergesangbuch Nr. 27)
(Im Sitzkreis bei Kerzenschein, das Zimmer ist verdunkelt)

Hinführung

L: Lasst uns ein Spiel machen: Ich mache eine schöne Musik an, aber ganz leise. Wenn ich das Licht anmache, seid ihr laut, richtig laut!
Aber sobald ich das Licht ausmache, seid ihr ganz leise, hört auf die Musik und schaut in die Kerzen! Wollen wir das versuchen?
So wird es gemacht; die leisen Phasen sind natürlich länger als die lauten!

Erarbeitung

Schließlich ist es wieder leise.
L : Wie hat euch das gefallen? Was hat euch besser gefallen?
Gespräch: Die Adventszeit ist eine leise Zeit
Stille ist schön, auch in uns wird es ruhig, wenn wir in die Kerze schauen
Kurzes Beispiel erzählen: Markus und Marlene hatten Streit (z.B. Marlene hat Markus' Plätzchen gegessen), dann haben sie sich wieder versöhnt (z.B. Marlene gibt Markus ihre Nachspeise)
In der Adventszeit üben wir, friedlich miteinander umzugehen.
Schü erzählen

Gestalten des Adventskranzes: (Licht an)
L: Heute haben wir noch etwas Schönes vor: Wir gestalten den Adventskranz!
Das geht so: *L erklärt und zeigt:*
Das grüne Papier wird in Stücke gerissen, daraus wird ein Kranz geklebt.
Dann werden vier goldene Kerzenhalter und rote Kerzen ausgeschnitten.
Schließlich, wenn der zweite Advent war: Zwei Kerzenflammen werden ausgeschnitten, der Docht gemalt und die Flamme aufgeklebt
Schreibe die Überschrift selbst!
L lobt und hilft

Sicherung/Schluss

Die Kinder zeigen sich die fertigen Adventskränze im Sitzkreis
Im Gebet auch kurze Zusammenfassung, Verabschiedung

Anmerkung: Ab jetzt können die Kinder einen (kurzen!) Text selbst abschreiben!

3. Stunde: Das Bild der 1000 Wünsche

LZ: 1.2.1. Advent – Zeit der Besinnung,
friedfertiges Verhalten
QV: Eth 1./2.2., KR 1.3.1.

Material

Stücke von Packpapier, ca 20 x 20 cm, Vorlesebuch Religion 3,
ein paar kleine, benutzte Buntstifte, Adventskranz, Kindergesangbuch

Begrüßung, Lied bei Kerzenschein, z.B. Kindergesangbuch Nr. 37

Hinführung

L zeigt Packpapier und Buntstifte
Heute hörst du eine Geschichte, in der ein Kind das zu Weihnachten bekommt:
Schü: So? Das ist nicht viel …

Erarbeitung

(Licht an)
L: Das war nach dem Krieg. Mein Vater hat die Zeit noch erlebt, deine
Oma, dein Opa vielleicht auch …
Schü.äußerungen
Höre die Geschichte, sie heißt: Das Bild der 1000 Wünsche (*Vorlesebuch
Religion 3, S. 239*).
Tafelanschrift der Überschrift, Schü schreiben sie ab.
L: Bitte male du ein Bild der 1000 Wünsche, das zur Geschichte passt!
Du darfst anfangen, während ich lese.
Packpapierstücke austeilen und ins Heft kleben.
L liest vor, Schü malen auf das Packpapier.
Gespräch:
Haben Oma und Opa vom Krieg erzählt?
Krieg ist schlimm!
Das letzte Mal haben wir gehört, wie Marlene und Markus sich wieder
versöhnen.
Wenn Menschen miteinander Frieden schließen, dann schaffen es auch die
Länder!
Der größte Weihnachtswunsch ist: Nie mehr Krieg!

Sicherung/Schluss

Im Gebet wird der Wunsch nach Frieden bekräftigt
Verabschiedung

4. Stunde: Die Hirten

LZ: 1.2.2. Weihnachten – ein Fest für alle
Vieles macht das Leben der Hirten schwer
QV: KR 1.3.

Material

kopiertes Foto (M 13), auch als Folie kopiert, Tageslichtprojektor
Adventskranz, Kindergesangbuch, Erzählung (M 15)

Begrüßung, Weihnachtslied bei Kerzenlicht, z.B. Nr. 37 aus dem Kindergesangbuch

Hinführung

Foto, als Folie kopiert, zeigen
Schü.äußerungen: Da sind Schafe, da ist eine Stadt im Hintergrund.
L: Die Stadt heißt Betlehem …

Erarbeitung

Schü: Da ist Jesus geboren!
L: Wer passt auf die Schafe auf?
Schü: Die Hirten!
L: Von den Hirten erzähle ich dir heute eine Geschichte
Erzählung (M 15)
Schü.äußerungen
Im Unterrichtsgespräch herausarbeiten:
Die Hirten sind arm. Sie wohnen auf den Feldern in der Umgebung von
Betlehem. Sie sind nicht beliebt, ihr Beruf ist manchmal gefährlich …
Habt ihr gemerkt, wen sie da gesehen haben?
Auch die Eltern von Jesus hatten nicht viel Geld.

Sicherung

Schü gestalten Hefteintrag
Überschrift an die Tafel schreiben: Die Hirten sind arm.
Zum kopierten Foto malen die Kinder einen oder zwei Hirten dazu
Wer mag, kann das Bild mit Himmel, Sonne weitermalen

Schluss

Im Sitzkreis die Hefteinträge anschauen
Kurzes wiederholendes Gespräch
Gebet

5. Stunde: Die Weihnachtsgeschichte

LZ: 1.2.2. Weihnachten – ein Fest für alle; Der Weihnachtsweg der Hirten
QV: KR 1.3.

Material	Erzählung (M 15); möglichst farbige Folie (oder Original) und Kopien vom Weihnachtsbild aus der Laubi Kinderbibel, Sternaufkleber, Adventskranz, Tageslichtprojektor, Kindergesangbuch

Begrüßung, Lied: z.B. »Kommet ihr Hirten« (Kindergesangbuch Nr. 31) bei Kerzenschein im Sitzkreis

Hinführung *Anschluss an die letzte Stunde:* Erzähle von Jossi und Ephraim!

Erarbeitung So geht die Geschichte weiter:
L erzählt
Weihnachtsgeschichte aus der Sicht der Hirten
Anschluss: Als Jossi und Ephraim in Betlehem ankommen, dauert es nicht lang, und sie haben das Kind gefunden:
Folienbild aus der Laubi-Kinderbibel zeigen
Schü.äußerungen
Gespräch
Gerade die armen Hirten hören die gute Nachricht zuerst!
Auch später ist Jesus immer besonders für die Menschen da, die arm sind oder die keiner mag.
Gerade diese Menschen, die ihn brauchen, macht Jesus froh,
und mit dem Hirten Jossi fängt er an.

**Sicherung/
Gestaltung** *Schü erhalten eine Kopie des Bildes und kolorieren es.*
L schreibt die Überschrift: »Die Weihnachtsgeschichte« *an die Tafel, Schü ins Heft. Dazu bekommen sie einen Stern-Aufkleber, den sie auf den Stern kleben.*

Je nach Gruppe, Verlauf und Interesse weiteres Gespräch:
Jesus wird Gottes Sohn genannt. Was ist damit gemeint?
Jesus ist Gott so nahe ist wie sonst kein Mensch, so nahe wie ein Sohn seinem Vater. Ein Sohn liebt seinen Vater und der Vater den Sohn! Der Sohn kennt den Vater genau, er weiß, was der Vater gut findet, er lebt so, wie er es vom Vater gelernt hat. Das passt alles für Jesus, und deshalb nennt man ihn Gottes Sohn.

Schluss *Gebet, bezugnehmend auch auf die Weihnachtsgeschichte*
Verabschiedung

6. Stunde: Wir basteln für Weihnachten

LZ: 1.2.2. Weihnachten – ein Fest für alle
QV: KE 1.3.; HSU 1.4.1.; MuE 1.1.1.; WTG 1.3.1.

Material
Tonpapier und Transparentpapier in verschiedenen Farben, Schere, Kleber, Adventskranz, Kindergesangbuch

Begrüßung, Weihnachtslied, z.B. »Zumba, zumba« (Kindergesangbuch Nr. 37)

Hinführung
L zeigt Gebasteltes
Basteln für Weihnachten macht Spaß! Es schaut am Fenster schön aus, du kannst es auch verschenken!

**Erarbeitung/
Gestaltung**
L erklärt und zeigt, wie Stern und Kerze aus einem Blatt Tonpapier gestaltet werden (siehe Anleitung M 14):
Die Ecke wird umgeknickt, Kante auf Kante. Der überstehende Teil wird abgeschnitten: Daraus wird die Kerze!
Das gefaltete Dreieck noch zwei weitere Male falten, dann eine Schräge und Muster hineinschneiden. Die Öffnungen mit Transparentpapier hinterkleben.
Für die Kerze wird das Papierstück längs gefaltet, dann eingeschnitten.
L macht es vor, Skizze an der Tafel.
L sitzt aber auch im Sitzkreis am Basteltisch und hilft.
Gegenseitig abschauen und helfen ist erwünscht!
Schließlich haben alle Schü etwas gebastelt und aufgeräumt!

Sicherung/Schluss
Bewundern der fertigen Sterne und Kerzen im Sitzkreis
L: Ich wünsche euch schöne Ferien, ein friedliches Weihnachtsfest und dass die Geschenke, die ihr gebt und bekommt, viel Freude bereiten …
Gebet
Verabschiedung

Anmerkung: Dass die letzte Stunde eine »Bastelstunde« ist, hängt damit zusammen, dass am letzten Schultag oft eine kleine Weihnachtsfeier stattfindet und auch ein gemeinsamer Schulgottesdienst gefeiert wird. Wenn das nicht der Fall ist, kann die letzte Stunde auch noch feierlicher gestaltet werden, z. B. mit musikalischem Schwerpunkt (Liedbegleitung auf Orffschen Instrumenten), mit gestalterischem Schwerpunkt (Weihnachtsbild betrachten oder gestalten), mit einer Geschichte oder mit Plätzchen und Kinderpunsch. Auch ein Besuch der Kirche und Betrachten der Krippe ist schön.

3. THEMENBEREICH:
Von Jesus hören – auf Jesus hören

Lernziele

1.3. Von Jesus hören – auf Jesus hören
1.3.1. Landschaft und Menschen am See Genezareth
1.3.2. Menschen begegnen Jesus

QV: KR 1.2.1., 1.2.2., 1.2.3., MuE 1.2.2., 1.4.2., D 1/2.5.5.

*Stoffverteilungs-
plan für
Januar/Februar*

1. Das Land, in dem Jesus gelebt hat Diavortrag, Bilder: So sieht es heute dort aus, Landkarte	1.3.1.
2. Im Haus	1.3.1.
3. Kleidung zur Zeit Jesu	1.3.1.
4. Berufe zur Zeit Jesu	1.3.1.
5. Der gute Hirte	1.3.2.
6. Das verlorene Schaf	1.3.2.
7. Levi – ein Außenseiter	1.3.2.
8. Pia – eine Außenseiterin	1.3.2.
9. Das Angst-ABC	1.3.2.
10. Die Jünger haben Angst Sturmstillung	1.3.2.
11. Ich habe keine Angst mehr	1.3.2.
12. Bartimäus	1.3.2.
13. Beate ist blind	1.3.2.
14. Marina ist nicht blind	1.3.2.

*Anmerkung: Im Lehrplan ist vorgesehen, dass Levi oder die Sturmstillung
oder Bartimäus behandelt werden; entsprechend können die Stunden ausgewählt werden.*

1. Stunde: Das Land, in dem Jesus gelebt hat

LZ: 1.3.1. Landschaft und Menschen am See Genezareth
QV: KR 1.2.1.

Material	Dias »Jahwes Land« oder ähnliche Bilder, Diaprojektor, Vortrag (M 16)
	Begrüßung
Hinführung	Liebe Kinder, in der nächsten Zeit hört ihr viele Geschichten von Jesus. Damit ihr euch das Land, in dem Jesus gelebt hat, gut vorstellen könnt, möchte ich euch heute Bilder zeigen
Erarbeitung	*L zeigt Dias, liest Texte dazu. Schü dürfen Zwischenfragen stellen. Auch L stellt Zwischenfragen, z.B.* »Diese Art von Baum hast du vorhin schon gesehen, wie heißt er?« *Evtl. Gespräch* *(Wenn man alle Bilder verwendet, dauert es die ganze Stunde; dennoch sind die Kinder gut bei der Sache. Falls die Aufmerksamkeit nachlässt, kürzen!)*
Sicherung	*Kurzes zusammenfassendes Gespräch* *Noch einmal betonen:* Jesus hat vor 2000 Jahren gelebt, da gab es keine Fotoapparate, die Bilder wurden vor ungefähr 30 Jahren gemacht. *Ausblick:* Wie es damals ausgesehen hat, darüber hört ihr beim nächsten Mal mehr.
Schluss	*Gebet* *Verabschiedung*

Anmerkung: Es bietet sich an, die katholische Religionsgruppe in dieser Stunde einzuladen!

Weiterführung: Wer war schon in Israel? Könnt ihr Fotos mitbringen? Mit verschiedenem Bildmaterial eine Pinnwand gestalten.
Eine Landkarte von Israel oder auch vom biblischen Palästina aufhängen und besprechen; Betlehem und Nazareth suchen.
Die Bildkarte von Palästina »Lasset uns mit Jesus gehen« *(siehe Literaturverzeichnis)*, wird von den Kindern sehr gern ausgemalt; sie kann die folgende Sequenz begleiten.

Anmerkung: Die Dia-Serie »Jahwes Land« Folge 1-10 ist in kirchlichen Medienstellen erhältlich. Die Texte lassen sich weitgehend auch zu anderen Bildern aus Israel verwenden.

2. Stunde: Im Haus

LZ: 1.3.1. Landschaft und Menschen am See Genezaret
QV: KR 1.2.1.

Material Folie und Kopien vom Haus (M 18), Kindergesangbuch

Begrüßung

Hinführung *Anschluss an die vorige Stunde:* Wir lernen das Land kennen, in dem Jesus gelebt hat. – Heute möchte ich euch ein Lied aus diesem Land beibringen.
Lied: »Hevenu shalom alejchem« (Kindergesangbuch Nr. 131) lernen und gemeinsam singen.
Die Übersetzung heißt: Wir bringen Frieden für alle!

Erarbeitung Wie sah es früher in einem Haus aus? Das zeige ich euch heute.
Aber sagt mir doch bitte zuerst: Was gehört überhaupt zu einem Haus, zu einer Wohnung? Was braucht man da?
Schü.äußerungen: Einen Platz zum Schlafen, zum Essen …
L zeigt Bild als Folie
Schü.äußerungen dazu
Gemeinsam im Gespräch erarbeiten:
Was ist das alles? Wozu braucht man es?
Mit der Mühle wird täglich frisch Mehl gemahlen.
Ohne Kühlschrank hält nichts lange! Getreide hält sich länger als Mehl.
Die Feuerstelle ist im oder vor dem Haus. Auf einem flachen Stein, der auf das Feuer gelegt wird, wird Fladenbrot gebacken.
Die Vorräte werden im Haus aufbewahrt.
Wasser muss vom Brunnen geholt werden, es wird in Ledersäcken aufbewahrt.
Mit der Öllampe hat man Licht.
Auch die Tiere sind nachts im Haus.
Geschlafen wird auf den ausgerollten Teppichen, auch auf dem flachen Dach.

Sicherung *Hefteintrag gestalten:*
Schü schreiben die Überschrift »Im Haus«, kleben das Bild ein, malen es aus.
Weiteres Gespräch: Vergleich der Häuser früher – heute

Schluss *Gebet, Verabschiedung*

Alternative: In dieser Stunde könnte die Gruppenarbeit eingeführt werden. Jeweils zu viert erhalten die Kinder das Bild vom Haus. Der Arbeitsauftrag ist:
1. Beschreibe, was im Haus ist und wozu man das braucht!
2. Vergleiche mit einer Wohnung, wie sie heute aussieht!
Die Gruppenarbeit ca. 3 Minuten, nur mündlich.

3. Stunde: Kleidung zur Zeit Jesu

LZ: 1.3.1. Menschen am See Genezareth
QV: KR 1.2.1.

Material	Rupfenstoff in ca 20 x 20 cm Stücke geschnitten, ein altes Betttuch oder ähnliches Tuch, große Schere, naturfarbenes Kopftuch, dicke Schnur oder Kordel, evtl. Webrahmen von WTG-Lehrerin ausleihen; Papier DIN A5 (gut geht hellgelbes Löschpapier, das ist im Heft oft übrig), braune Wachsmalkreide, Kindergesangbuch

Begrüßung, Lied: »Hevenu shalom alejchem« (Kindergesangbuch Nr. 131)

Hinführung	*Ein Kind stellt sich in die Mitte* Was hat es für Kleider an? Was trugen die Menschen zur Zeit, als Jesus gelebt hat? Vermute!
Erarbeitung	*Nun wird das Kind eingekleidet, dabei wird erzählt:* Aus der Schafwolle wurde ein Wollfaden gesponnen, der wurde an großen Webstühlen zu einem groben Stoff gewebt (*u.U. Webrahmen zeigen*) Aus diesem Stoff wurde ein Gewand gemacht, und zwar so: (*siehe Skizze und Anleitung M 17 – mit dem Betttuch demonstrieren*) Fertig! Ist das nicht einfach und doch sehr praktisch? Eine dicke Kordel ist der Gürtel. Was fehlt noch? Ein Kopftuch, das ebenfalls mit einer Kordel gehalten wird. Warum brauchen die Menschen in Palästina so dringend ein Kopftuch? Weil die Sonne dort so stark scheint! Wenn die Menschen überhaupt Schuhe trugen, dann waren das einfache Sandalen aus Leder.
Sicherung/ Gestaltung	*L erklärt und zeigt:* Nun dürft ihr selber so ein Gewand machen, allerdings aus Papier. Das geht so: Ihr legt das (gelbe) Papier auf den Rupfenstoff und malt mit der braunen Wachsmalkreide darüber: Das Muster vom Stoff drückt sich durch! Dann schneidest du es so (*an der Tafel skizzieren oder die vergrößerte Anleitung anheften*): Nun kannst du das gebastelte Gewand ins Heft kleben, die gefalteten Hälften musst du zusammenkleben, damit es hält. Mache einen Menschen daraus, indem du Kopf, Hände und Beine dazu malst. Vergiss nicht die Überschrift: Kleidung zur Zeit Jesu. *Schü gestalten Hefteintrag.*
Schluss	*Zeigen der Hefteinträge* *Gebet, Verabschiedung*

4. Stunde: Berufe zur Zeit Jesu

LZ: 1.3.1. Menschen am See Genezareth
QV: KR 1.2.1

Material	Arbeitsblatt (M 19); die einzelnen Berufe vergrößert auf Karten, Kindergesangbuch
	Begrüßung, Lied: »Hevenu shalom alejchem« (Kindergesangbuch Nr. 131)
Hinführung	Was ist deine Mama, dein Papa von Beruf? *Schü.äußerungen* Heute will ich mit euch lernen, welche Berufe es zu der Zeit gegeben hat, als Jesus gelebt hat.
Erarbeitung	Ihr habt mir jetzt einige Berufe von euren Eltern gesagt. Gab es die schon vor 2000 Jahren? Welche Berufe hatten damals die Leute? Was vermutest du? *Vorwissen der Schü sammeln* L: Ich habe Karten für euch vorbereitet, auf denen sind Menschen abgebildet. Was für Menschen sind das? Was für Berufe haben sie? Was tun sie? Besprecht das mit deiner Partnerin/deinem Partner, ihr habt ein paar Minuten Zeit. Ihr könnt auch die Karten tauschen und eine neue Karte holen. *Schü arbeiten in Partnerarbeit* *Im Gespräch werden anschließend die Ergebnisse zusammengetragen:* Der Hirte hütet die Schafe, der Fischer fängt Fische, der Bauer sät und erntet, der Zimmermann baut Dinge aus Holz, der Schriftgelehrte kann lesen, er weiß viel über Gott; es gibt auch arme und kranke Menschen, die betteln müssen. *(Wichtig als Grundlagenwissen für die Passion und die Levi-Geschichte:)* Die Römer haben das Land erobert, die Soldaten passen auf, die Zöllner nehmen für die Römer die Steuern ein. Die Römer sind unbeliebt. Viele Menschen würden sie am liebsten hinauswerfen aus dem Land, aber die Römer sind stärker. Auch die Zöllner, die für die Römer arbeiten, werden von den Menschen gehasst. Was fehlt? Die Frauen, sie haben mehr als heute zu tun, um die Kinder, das Haus, den Garten und die Tiere zu versorgen. Dass Frauen einen Beruf lernen, war damals nicht üblich. Das ist heute besser!
Sicherung	*Arbeitsblatt einkleben und anmalen. (Viel gibt es nicht zu malen)* *L schreibt Überschrift an die Tafel: Berufe zur Zeit Jesu* *Schü schreiben sie in die Mitte des Arbeitsblattes ab*
Schluss	*Die Hefteinträge herzeigen* *Ausblick: Nun haben wir einiges über das Land und die Leute vor 2000 Jahren gelernt, beim nächsten Mal hörst du eine Geschichte von Jesus.* *Gebet, Verabschiedung*

5. Stunde: Der gute Hirte

LZ: 1.3.2. Menschen begegnen Jesus;
Entdecken, wie Jesus mit den Menschen umgeht
– Jesus geht auf Menschen zu und gewinnt sie als Freunde.
– Menschen dürfen darauf vertrauen, dass Gott sie nicht im Stich lässt,
  sondern sich um sie kümmert; Jesus erzählt ihnen vom guten Hirten
  (Lk 15,3-6)
QV: KR 1.2.1

Material	Bild vom Hirten (M 20), Stoffschäfchen, Bibel, Kindergesangbuch
	Begrüßung, Lied: »Hevenu shalom alejchem« (Kindergesangbuch Nr.131)
Hinführung	Was machst du, deine Eltern den Tag über? *Schü erzählen vom Tageslauf* Was hat Jesus gemacht?
Erarbeitung	Es gibt eine Geschichte von Jesus, da war er erst 12 Jahre, und da redete er schon mit den Schriftgelehrten über die heilige Schrift und über Gott. Jesus wurde oft Rabbi, d.h. Lehrer genannt. Was hat er gemacht? Er ist durch das Land gewandert. Zwölf Freunde haben ihn begleitet, die nennt man Jünger. Oft kamen noch mehr Frauen und Männer mit. Dort, wo er hinkam, hat er Menschen besucht. Er hat ihnen gesagt, wie sie leben sollen und er hat es ihnen gezeigt, er hat es selber vorgemacht. Er war bestimmt der freundlichste und gütigste Mensch, den man sich vorstellen kann. Und er hat den Menschen von Gott erzählt. Das ist nicht so leicht, weil man Gott nicht sehen kann. Deshalb hat Jesus Bilder benutzt, um von Gott zu erzählen. Er hat gesagt: Gott ist wie ein guter Hirte. *(Stoffschaf als Anschauungsobjekt in der Hand)* Was macht ein guter Hirte? *Schü.äußerungen:* Er passt auf die Schafe auf, er beschützt sie, er mag sie gern. L: Wie fühlt sich das Schaf bei dem guten Hirten? Schü: Es fühlt sich wohl, es fühlt sich sicher, es hat keine Angst ... L: Und so ist es mit Gott: Er hat uns so lieb wie ein guter Hirte seine Schafe. Er beschützt uns, wir können uns sicher fühlen und brauchen keine Angst zu haben. *Gespräch, auch, falls es von den Schü kommt, über Gottesvorstellungen der Kinder.* *(Bitte vorsichtig sein; handfeste oder schräge Vorstellungen stehen lassen, aber behutsam beginnen, sie zu korrigieren, indem man andere Vorstellungen dagegen setzt:)* Gott ist eine Kraft, die ich fühlen kann. Gott kann man mit Bildern beschreiben.
Sicherung	*Heftgestaltung: Überschrift schreiben: Gott ist wie ein guter Hirte, Bild einkleben* *Evtl. weiteres Gespräch*
Schluss	*Gebet, das den Stoff der Stunde aufgreift, Verabschiedung*

6. Stunde: Das verlorene Schaf

LZ: 1.3.2. Menschen begegnen Jesus; Jesus erzählt ihnen vom guten Hirten
QV: KR 1.2.1.; MuE 1.4.2.

Material

Stoffschaf, hellbraunes oder gelbes Papier, Wattepads
Laubi-Kinderbibel, Kindergesangbuch, Evangelisches Gesangbuch (EG)

*Begrüßung, Lied: »Hevenu shalom alejchem« (Kindergesangbuch Nr. 131)
oder (vorsingen): »Weil ich Jesu Schäflein bin« (EG Nr. 593)*

Hinführung

Bist du schon einmal verloren gegangen? Erzähle! Wie hast du dich ge-
fühlt?
Schü erzählen, L fasst zusammen:
Du hast Angst, wenn Mama und Papa nicht mehr da sind.
Du fühlst Erleichterung und Freude, wenn du sie wieder gefunden hast!

Erarbeitung

Das letzte Mal habe ich dir vom guten Hirten erzählt – kurz wiederholen
Das kleine Schaf (*Stoffschaf zeigen*) war auch bei ihm,
doch höre, was heute passiert:
L: Erzählung, angelehnt an den Text aus der Laubi-Kinderbibel.
Dabei ruft der Hirte immer wieder: Schaf, wo bist du?
Die Freude ausdrücken, wenn der Hirte es wieder findet.
Schü.äußerungen
L: Das kleine Schaf hat sich so verlaufen, dass es nicht mehr zurückfindet.
Und es fürchtet sich! – Das möchte ich mit euch spielen: Unser Stoffschaf
hat sich verlaufen: Ihr geht leise! hinaus, ich werde das Schaf im Klassen-
zimmer verstecken,
Dann kommt ihr und sucht es und ruft: Schaf, wo bist du?
Und wenn ihr es gefunden habt, dann nehmt es und freut euch!
(Die Geschichte wird szenisch dargestellt.)
Gespräch, Anknüpfen an die letzte Stunde: Gott ist wie ein guter Hirte.
*Evtl. (das kommt auf die Gruppe an) den Sitz im Leben des Gleichnisses
erklären (siehe Laubi-Bibel): Wem erzählt Jesus diese Geschichte und
warum?*

Sicherung

L erklärt und zeigt: Für den Hefteintrag schneidet ihr aus dem gelben
Papier Hügel aus und klebt eine Landschaft. Malt den Hirten, der das
Schaf sucht. Malt auf der anderen Seite das Schaf. Dafür bekommt ihr
diese Watte, das wird der Körper.
Kopf und Beine werden dazugemalt. Vergiss nicht die Überschrift!
L schreibt an die Tafel: Das verlorene Schaf wird gefunden *und malt ein
Schaf dazu (Zeichenhilfe siehe M 19); Schü gestalten den Hefteintrag*

Schluss

*Das Such-Spiel kann ein weiteres Mal gespielt werden, bis alle mit Malen
fertig sind; Hefteinträge zeigen;
Gebet, Verabschiedung*

*Anmerkung: Den »Sitz im Leben« kann man auch gut mit der nächsten
Geschichte von Levi verknüpfen!*

7. Stunde: Levi – ein Außenseiter

LZ: 1.3.2. Menschen begegnen Jesus (Mk 2,13–17)
Jesus kümmert sich um einsame und ausgestoßene Menschen
QV: KR 1.2.2.

Material

Bild Außenseiter (M 21): klein (Klassensatz) und groß,
Erzählung (W. Laubi, Geschichten zur Bibel Band 4, S. 59 oder M. Bolliger, Jesus, S. 31), Laubi-Kinderbibel, Kindergesangbuch

Begrüßung, Lied: He du, hallo du! (Vom Anfang des Schuljahres – Kindergesangbuch Nr. 179)

Hinführung

L zeigt Bild von Außenseiter – Schü.äußerungen
Da ist jemand, den die anderen nicht mögen!
Ablehnende Handbewegung machen

Erarbeitung

Wiederholen: Palästina war von den Römern besetzt, die Zöllner nahmen Geld für sie ein.
Schriftgelehrte, Pharisäer waren Leute, die sich mit dem, was in der Bibel über Gott steht, gut auskannten. Sie dachten und sagten, dass man die Gebote, was man tun und lassen muss, sehr streng einhalten soll. Und sie waren überzeugt, dass man mit bösen Menschen nichts zu tun haben darf, weil man sonst selbst böse wird.
L: Erzählung von Levi (möglichst frei, angelehnt an Vorlage), evtl. mit Unterbrechungen, Zwischenfragen;
Mit Handbewegungen die Ablehnung der Menschen darstellen.
Als Jesus zu Levi kommt, Schü vermuten lassen:
Was macht Jesus?
Geschichte fertig erzählen: Jesus sagt: Komm!
Annehmende Handbewegung.
Gespräch
Levi wollte nur Geld, er hatte keine Freunde, er hat sich nie gefreut.
Jesus geht gerade deshalb zu Levi hin, er zeigt, dass er ihn mag.
Levi freut sich! Er merkt, dass das Geld nicht das wichtigste ist.
Er ändert sein Leben!

Sicherung

Schü gestalten Hefteintrag (M 21), L zeigt, wie es gemacht wird:
Levi wird ausgeschnitten und sein Gesicht verändert: Er lacht!
Jesus wird dazugemalt.
Die ärgerlichen Leute stehen am Rand; jetzt sind sie auf Levi und Jesus böse!
Überschrift: Niemand mag Levi. Jesus schon! Levi ändert sich.
Nun würde auch Sitz im Leben des »Verlorenen Schafes« passen:
Ihr erinnert euch an die Geschichte vom letzten Mal …
L liest ganze Seite 202 der Laubi-Kinderbibel vor; Gespräch

Schluss

Gebet unter Einbeziehung des Stoffs von heute,
Verabschiedung

8. Stunde: Pia – eine Außenseiterin

LZ: 1.3.2. Jesus hilft uns, einsame und ausgestoßene Menschen in ihrer Not zu sehen und ihnen zu helfen
QV: KR 1.2.3; D1/2.5.5.

Material

Neues Vorlesebuch Religion, Buch: »Die Prinzessin auf der Erbse«, H.-Chr. Andersen, A. Fuchshuber, Ravensburger 1985 oder: (derselbe Titel und Verfasser), Illustration E. Tharlet, Neugebauer Verlag, davon die Titelseite und eine innere Doppelseite verkleinert kopiert.

Begrüßung, Lied: »He du, hallo du!« (Kindergesangbuch Nr. 179)

Hinführung

Bild vom letzten Mal zeigen: Ausgestoßen
Wiederholen der Levi-Geschichte
Den Hefteintrag vom letzten Mal anschauen:
Darauf ist der lachende Levi und Jesus, der auf ihn zu geht, zu sehen.
Schü.äußerungen

Erarbeitung

In dieser Geschichte wird dir einiges bekannt vorkommen:
L: Erzählung (Neues Vorlesebuch Religion S. 69): Pia und die Prinzessin auf der Erbse
Unterbrechung und Vermutung: Wird Pia aus der Bücherei geworfen?
Auch hier mit ablehnenden und einladenden Handbewegungen unterstreichen.
Wenn in der Geschichte von dem Bilderbuch die Rede ist, es zeigen.
Gespräch:
Es ist nicht schön für Pia, dass niemand sie mag.
Merkst du, wie sie sich freut, als die Büchereifrau sich um sie kümmert?
Es ist nicht schön, abgelehnt zu werden! Es ist schön, eingeladen zu werden!
Kennst du jemand, der Außenseiter ist?
Es wäre sehr schön, wenn du nicht ein anderes Kind ablehnst, sondern nett zu ihm bist und es einlädst, mitzuspielen!

Sicherung

L zeigt es und schreibt Text: Niemand mag Pia. Die Büchereifrau schon!
Schü gestalten Hefteintrag mit kopiertem Prinzessinnenbuch (Anleitung siehe M 22):

Schluss

Gebet, das zur Stunde passt
Verabschiedung

9. Stunde: Das Angst-ABC

LZ: 1.3.2. Jesus befreit Menschen aus ihrer Angst

Material

großes Papier, auf das das ABC geschrieben ist, dicke Stifte, DIN-A6-Zettel, Bild: Kind hat Angst (z.B. aus »Am Anfang«, S. 37, oder Wegzeichen 1, S. 27), Kindergesangbuch

Begrüßung

Hinführung

Wir singen ein neues Lied!
Lernen und singen: »Manchmal hab ich Angst« (Kindergesangbuch Nr. 113)
L zeigt Bild: Ein Kind hat Angst
Wovor hat dieses Kind Angst?

Erarbeitung

L breitet das große Papier im Sitzkreis aus: Das wird ein Angst-ABC.
Ich möchte alles aufschreiben, wovor ihr Angst habt (*gemeinsam einige Begriffe aufschreiben, ins ABC eingeordnet*).
L: Bitte schreibe oder male nun auf dieses kleine (DIN-A6) Papier, wovor du Angst hast. Komme danach wieder zu mir in den Sitzkreis!
Schü arbeiten auf dem Platz, bringen den fertigen Zettel zu L.
L nimmt das Blatt in Empfang und lässt es sich von dem Kind erklären.
Es wird auf das große Papier geklebt.

Sicherung

Im Sitzkreis wird das Angst-ABC besprochen und ergänzt:
Wem fällt noch etwas ein? Wer weiß etwas mit F? Wovor hast du am meisten Angst? Viele haben Angst vor dem Krieg, manche haben Angst vor dem Tod, Erwachsene genauso wie Kinder (*auch L trägt etwas bei*).
Man könnte sogar abstimmen lassen: »Wer alles hat Angst vor dem Krieg?« und das Ergebnis dazuschreiben, Gespräch

Schluss

Ausblick: Es ist nicht schön, wenn man Angst hat. In der nächsten und übernächsten Stunde reden wir darüber, wie wir die Angst loswerden.
Gebet, auch über die Angst, Verabschiedung

Anmerkung: Diese Stunde empfinde ich als besonders wichtig: Sie kann ein Anstoß für die Kinder sein, über Ängste zu reden, wozu ihnen sonst vielleicht der Anlass fehlt. Das ABC halte ich für einen unverfänglichen Rahmen, der geeignet ist, mit den Kindern das Thema Angst zu behandeln. Sie lernen, dass Angst ein normales Gesprächsthema ist, das man nicht verbergen muss.
Absichtlich ist eine Gemeinschaftsarbeit und kein Hefteintrag vorgesehen. Die Kinder sollen das Gefühl bekommen: Jeder hat vor etwas Angst, ich muss mich nicht dafür schämen, ich kann es sagen! (Auch will ich nicht so einen »negativen« Eintrag im Heft) Aufmerksam hinhören: Falls die Lehrkraft das Gefühl hat, dass ein Kind mit schwerwiegenden Angstzuständen kämpft (was selten ist, aber vorkommt), bitte mit den Eltern in Kontakt treten.

10. Stunde: Die Sturmstillung

LZ: 1.3.2. Jesus befreit Menschen aus ihrer Angst (Mk 4,35–41). Er macht uns Mut, auch in der Angst auf Gott zu vertrauen und Menschen in ihrer Angst beizustehen
QV: Klanggeschichte: MuE 1.2.2.

Material

Bibel, evtl. Instrumente: Glockenspiele und Metallofone, Bild vom Sturm (M 23), Kindergesangbuch

Begrüßung, Lied: »Manchmal hab ich Angst« (Kindergesangbuch Nr. 113)

Hinführung

Anknüpfen an die letzte Stunde: das Angst-ABC.
Auch die Freunde von Jesus, die Jünger, hatten einmal große Angst …

Erarbeitung

Freie L.erzählung, angelehnt an Mk 4,35–41:
Jesus und die Jünger steigen in ein Boot und wollen über den See Gene-zaret fahren. Jesus ist müde und legt sich zum Schlafen hin. Doch das Wetter wird schlechter, der Wind stärker … *(die Kinder stellen den Wind dar, mit Geräuschen und den Instrumenten).*
Die Wellen werden größer und größer und schwappen schon ins Boot! *(Mit den Armen die Wellen darstellen.)*
Die Jünger haben große Angst: Das Boot wird kippen! Wir gehen unter! Seht doch! Jesus schläft immer noch! Jesus, wach auf! Hilf uns!!

Da macht Jesus die Augen auf. Er sagt nur: »Ihr braucht keine Angst zu haben. Ich bin doch bei euch! Der Sturm geht vorbei!«
Die Jünger schauen Jesus an, der ganz ruhig ist und gar keine Angst hat, und da kommt ihnen der Sturm gar nicht mehr so schlimm vor. Die Wel-len werden kleiner … der Wind wird schwächer und schwächer … *(dar-stellen),* und … der Sturm ist vorbei.
Gespräch, Schü.äußerungen
Jesus sagt: »Ich bin bei euch«; das sagt er zu den Jüngern, aber das gilt auch für uns. Auch wenn er in der Geschichte schläft und nichts tut, ist er da. Die Jünger können sich auf ihn verlassen und brauchen keine Angst haben. Auch wenn Jesus nicht mehr bei uns ist, brauchen wir keine Angst zu haben, er ist bei uns, in unseren Herzen, und kann uns beruhigen.

Sicherung

L schreibt Text: Die Jünger haben Angst. Jesus sagt: Ich bin bei euch!
L zeigt es, Schü gestalten Hefteintrag: Sie kolorieren das kopierte Sturm-Bild und malen ein Schiff dazu.

Schluss

Zeigen der Hefteinträge
Gebet, das den Inhalt der Stunde aufgreift, Verabschiedung

Anmerkung: Bitte ganz genau vorher ausmachen, wer welches Instru-ment spielt – jede/r kommt dran! (Die eine Hälfte heute, die anderen beim nächsten Mal!) An einem Instrument können bis zu drei Kinder spie-len, wenn sie sich gegenüber sitzen und jedes nur einen Schlägel hat.
Weiterführung: Den »Sitz im Leben« der Geschichte herausarbeiten: Die verfolgten Christen in Rom erzählen sich die Geschichte.

11. Stunde: Ich habe keine Angst mehr

LZ: 1.3.2. Jesus befreit Menschen aus ihrer Angst. Er macht uns Mut, auch in der Angst auf Gott zu vertrauen und Menschen in ihrer Angst beizustehen

Material

Instrumente: Metallofone, Glockenspiele, Vorlesebuch Religion 1, Kindergesangbuch

Begrüßung, Lied: »Manchmal hab ich Angst« (Kindergesangbuch Nr. 113)

Hinführung

Lasst uns die Geschichte vom Sturm noch einmal spielen!
An die Instrumente dürfen die Kinder, die beim letzten Mal nicht dran waren.
Die Geschichte von der Sturmstillung wird gemeinsam noch einmal erzählt und dargestellt

Erarbeitung

Die Jünger hatten keine Angst mehr, als Jesus sagte: Ich bin bei euch!
Erinnerst du dich an die Geschichte, als ich als Kind Angst hatte, dass es brennt? *(siehe S. 22)* Damals hat mir das Beten geholfen.
Was machst du, wenn du Angst hast? Was hilft gegen die Angst?
Gespräch, Schü.äußerungen
Angst drückt, schlimmer als Bauchweh. Wo fühlst du Angst?
Angst ist am schlimmsten allein. Angst geht vorbei, wenn mich jemand tröstet!
Bitte male und schreibe ins Heft:
»Ich habe keine Angst mehr, wenn ...« *L schreibt an die Tafel*
Was dir gegen die Angst hilft, das darfst du selbst schreiben. Wenn du willst, schreibe ich es auch für dich.
Schü gestalten Hefteintrag, L geht herum und schreibt, falls gewünscht

Sicherung

Hefteinträge im Sitzkreis gemeinsam betrachten und besprechen.
Geschichte: »Angst und Mut« aus dem Vorlesebuch Religion, S. 48, vorlesen
Zusammenfassendes Gespräch
Was hilft gegen die Angst?
(Zur Mama und zum Papa gehen, mit jemand reden, einkuscheln, Licht machen oder beten.)

Schluss

Gebet, auch: Ich bin froh, dass ich keine Angst haben muss, wenn Mama oder Papa bei mir sind. Ich bin froh, weil ich weiß, dass du, Gott, bei mir bist!
Verabschiedung

Weiterführung: Man könnte den Aspekt betonen: Angst ist wichtig, damit ich nichts Gefährliches mache – Thema Mutproben

12. Stunde: Bartimäus

LZ: 1.3.2.Jesus hilft Menschen, dass sie neu sehen können (Mk 10,46–52)
Er zeigt auch uns, dass es mehr zu sehen gibt als unsere Augen wahrnehmen
QV: KR 1.2.2.

Material
Bibel, Kerze im Ständer, Streichhölzer, gelbes und schwarzes Tonpapier
Wortkarten: blind, dunkel, traurig, gesund, hell, froh; Kindergesangbuch

Begrüßung, Lied: »Manchmal hab ich Angst« (Kindergesangbuch Nr. 113)

Hinführung
Heute möchte ich dir die Geschichte vom blinden Bartimäus erzählen.
Weißt du, was »blind« ist?
Schü: Er kann nichts sehen.
L: Damit du spüren kannst, wie der blinde Bartimäus sich fühlt, gehen
wir nun zusammen in den dunklen Keller – Keine Angst, wir bleiben zu-
sammen.

Erarbeitung
Im Flur des Kellers ist es, wenn das Licht aus ist, stockfinster.
Wir haben Sitzpolster mitgebracht und sitzen im Sitzkreis.
L erzählt im Dunkeln die Geschichte in Anlehnung an Mk 10,46–52
Bartimäus ist blind, er sieht fast nichts.
Er ist mutlos und traurig, er wird von den anderen abgelehnt.
Er hört von Jesus, setzt sich an die Straße, wird aber von den anderen
weggejagt. So sitzt er hinter den Leuten. Aber es sind so viele. Bestimmt
bemerkt Jesus ihn nicht. Als er Jesus kommen hört, ruft Bartimäus laut:
»Jesus, Sohn Davids, hab Mitleid!« Die Leute wollen ihn zum Schweigen
bringen, aber er ruft noch lauter: »Jesus!« Da steht plötzlich jemand vor
ihm und spricht ihn freundlich an: Jesus sagt: Du hast mich gerufen?
Bartimäus kann es kaum fassen: »Jesus! Du kommst zu mir?«
Jesus fragt: »Was soll ich für dich tun?«
»Herr! Ich möchte sehen können!«, stößt Bartimäus hervor.
»Bartimäus, du glaubst ganz fest, dass ich dir helfen kann. Dein Vertrauen
hat dich geheilt! Du kannst sehen!«, sagt Jesus.
Da blinzelt Bartimäus *(nun die Kerze anzünden!)* und er erkennt, noch
undeutlich, aber er erkennt Jesus, und die Menschen, die um ihn herum-
stehen. Und Bartimäus fühlt sich ganz froh und hell in seinem Herzen,
weil er die Liebe von Jesus spürt. Glücklich ruft er: »Ich kann sehen!«
Da staunen alle …
Schü.äußerungen, spontanes Gespräch; Wir gehen zurück ins Klassenzimmer.

Sicherung
L zeigt dunkles Tonpapier: Wie fühlt sich Bartimäus zuerst?
Schü wiederholen – L: Das malst du mit Bleistift auf das dunkle Papier.
L zeigt gelbes Papier; Schü: Jetzt ist es hell, Bartimäus ist froh!
Das malst du auf das gelbe Papier!
Welche Wörter passen dazu? *Schü ordnen die Wortkarten zu*
Schü gestalten Hefteintrag (siehe Skizze M 24), dazu erhalten sie gelbes
und schwarzes Papier in DIN-A6.

Schluss
Gebet, auch Dankgebet für Bartimäus, Verabschiedung

13. Stunde: Beate ist blind

Material

Material über Blinde, z.B. Blindenschrift, Erzählung (M 25),
Folienbild Farbholzschnitt: »Blindenheilung« von Thomas Zacharias
(Thomas Zacharias, Farbholzschnitte zur Bibel, München 1991), eine Blume,
fünf fühlbare Gegenstände, Kindergesangbuch

Begrüßung, Lied: »Manchmal hab ich Angst« (Kindergesangbuch Nr. 113)

Hinführung

Folienbild auflegen, anhand dessen die Geschichte von Bartimäus wiederholen.
Die Farben beachten und mit Worten ausdrücken: Jesus bringt Licht ins Dunkel.

Erarbeitung

Einen blinden Menschen hast du sicher schon gesehen.
Schü.äußerungen
Wie finden sie sich zurecht? Was können sie besonders gut?
Eine Zeitschrift in Blindenschrift zeigen und die Braille-Schrift kurz erklären.
Informationen sammeln, Gespräch
L liest Geschichte vor (M 25)
Schü.äußerungen dazu
L: Schaut euch diese Blume an: Beschreibt sie!
Nun fühlt ein Kind die Blume mit geschlossenen Augen und beschreibt, was es fühlt.
Der Unterschied ist nicht groß: Auch Blinde können viel erkennen!
Blinde können besonders gut fühlen und auch hören!
Blinde können viel! Wir helfen und nehmen Rücksicht, aber wir brauchen nicht zu denken, dass sie gar nichts tun können wie Barbara am Anfang der Geschichte!

Sicherung

Spiel: Alle sitzen im Sitzkreis eng beieinander, die Arme nach hinten gestreckt.
L gibt nacheinander fünf Gegenstände durch, die die Kinder befühlen und weiterreichen, ohne sie anzuschauen.
Danach stellt L die Frage: Was war das? – Schü nennen die Gegenstände
Abschließendes Gespräch: Auch ohne Augen kannst du viel erkennen!

Schluss

Gebet, das sich auch auf die Stunde bezieht, Verabschiedung

Anmerkung: Diese Stunde über Blinde steht nicht im Lehrplan. Da Bartimäus geheilt wird, könnte man einwenden, dass das Thema »Blinde« nicht gut passt. Die Stunde kann weggelassen werden, dann wird die Hinführung für das nächste Mal übernommen. Andererseits könnte das Thema auch schwerpunktmäßig erweitert werden: Es gibt Kinderbücher zu diesem Thema, z.B. aus der Reihe »Guckkasten«: »Blind sein«. Ein Besuch in einer Blindenschule wäre möglich. Wer die Bildfolie für den Einstieg nicht bekommen hat, kann wieder gelbes und schwarzes Papier verwenden, um die Geschichte von Bartimäus zu wiederholen.

14. Stunde: Marina ist nicht blind

LZ: 1.3.2 Jesus zeigt auch uns, dass es mehr zu sehen gibt als unsere Augen wahrnehmen
QV: D 1/2.1.4.

Material	fünf fühlbare Gegenstände, Erzählung (M 26), Kindergesangbuch
	Begrüßung, Lied: »Manchmal hab ich Angst« (Kindergesangbuch Nr. 113)
Hinführung	*Spiel vom letzten Mal: fünf Gegenstände weiterreichen ohne zu schauen: Was war das? Kurz anknüpfen an die letzten beiden Stunden: Bartimäus und »Blinde«*
Erarbeitung	*L: Erzählung (M 26)* *Schü.äußerungen dazu* *Gespräch* *Kurzes Rollenspiel (frei oder vom L gelenkt):* *Jeweils ein Kind braucht Hilfe* *(z.B. Es muss radieren und hat keinen Radiergummi, es bringt den Knoten von den Schnürsenkeln nicht auf, der Mutter fällt der Zucker um ...)* *Das andere Kind geht vorbei, sieht es und hilft.* *Im zusammenfassenden Gespräch betonen:* Das ist eine Redewendung: Wenn ein Mensch für etwas blind ist, dann heißt das, dass er nicht sieht oder nicht sehen will, was der andere braucht. Das Gegenteil ist: hinschauen! So wie in der Geschichte die Marina! Das ist eine gute Sache, wenn euch das gelingt! Versucht es!
Sicherung	*Schü gestalten Hefteintrag:* *Sie malen ein Bild, das zur Geschichte von Marina passt.* *L schreibt Text an die Tafel, Schü ab:* Marina ist nicht blind. Sie sieht, wer Hilfe braucht.
Schluss	*Gebet unter Einbeziehung des Besprochenen* *Verabschiedung*

4. THEMENBEREICH:
Trauer erfahren – Osterfreude erleben

Lernziele

1.4. Trauer erfahren – Osterfreude erleben
1.4.1. Jesus leidet und stirbt
1.4.2. Jesus Christus lebt
1.4.3. Die Bedeutung des Kreuzes

QV: KR 1.5.

*Stoffverteilungs-
plan für
März*

1. Jesus zieht in Jerusalem ein	1.4.1.
2. Jesus stirbt am Kreuz	1.4.1.
3. Ostern: Jesus ist auferstanden!	1.4.2.
4. Wir gestalten ein Hoffnungskreuz	1.4.3.

Anmerkung:
Diese Sequenz wird in der Zeit vor Ostern gehalten; gegebenenfalls wird das folgende Thema vorgezogen.
Die Leidensgeschichte wird in jedem Jahr wieder behandelt, jeweils mit anderem Schwerpunkt und auf höherem Niveau. Daher fällt diese erste Begegnung relativ kurz aus. (Siehe nächste Seite)
Der Schwerpunkt in diesem Jahr ist, den Ablauf der letzten Tage kennen zu lernen

Die Schü wissen:
Viele Menschen sind von Jesus begeistert, aber nicht alle.
Die Gegner von Jesus sagen:
Gott will nicht, dass wir mit bösen Menschen zusammen sind.
Palästina ist von den Römern besetzt.
Viele Menschen hoffen, dass Jesus die Römer hinauswirft und das Land befreit, das wissen die Römer.

Die Schü können:
die Trauer der Jünger über Jesu Tod mitfühlen,
die Freude über die Auferstehung erfahren: Die Jünger schöpfen neue Hoffnung.

In diesen Stunden steht die L.erzählung im Vordergrund, die Gespräche sind gelenkt, denn der Erklärungsbedarf ist groß.

Überblick
über die
Behandlung der
Ostergeschichte

1. Klasse
Schwerpunkt: erstes Kennenlernen
Freie und stark gekürzte Erzählung
Bild vom Einzug in Jerusalem
Hoffnungskreuz aus El Salvador
Ostern: Sonnenaufgang gestalten
Lied: Jesus zieht in Jerusalem ein

2. Klasse
Schwerpunkt: Die Leidensgeschichte genauer kennen lernen
Bildkarte vom Aue-Verlag ausmalen
Zwei Kreuze, mit dunklen und hellen Farben, gestalten
Jesus durchbricht den Teufelskreis der Gewalt
Lied: Jesus zieht in Jerusalem ein

3. Klasse
Schwerpunkt: Judentum kennen lernen, Messiaserwartung
Hände-Darstellungen:
gebende, betende, gefesselte, verzweifelte Hände
Meditation zu Kreuz und Auferstehung
»Jesus hat keine Hände, nur unsere Hände«
Warum musste Jesus sterben?
Lied: Hosianna, er kommt!

4. Klasse
Wir sehen gemeinsam das Musical »Jesus Christ – Superstar« an.
Anhand der Texte werden vorher die wichtigsten Inhalte der Leidens-
geschichte wiederholt und abschließend besprochen
Kreuz-Meditation und Gestaltung: Was für einen Sinn hat Jesu Tod?
Lied: Hosanna (aus dem Musical)

1. Stunde: Jesus zieht in Jerusalem ein

LZ: 1.4.1. Jesus leidet und stirbt
QV: KR 1.5.

Material

kopiertes Bild (M 27), Kindergesangbuch

Begrüßung,
Wir lernen ein neues Lied: »Jesus zieht in Jerusalem ein« (Kindergesang-
buch Nr. 57)

Hinführung

Anknüpfen an die vorigen Jesusgeschichten
Wie geht die Geschichte von Jesus weiter?
Vorwissen der Schüler sammeln
L: Die Geschichte von Jesus wird nun sehr traurig,
aber am Ende geht sie gut aus.

Erarbeitung

Freie L.erzählung:
Jerusalem ist die Hauptstadt, dort leben viele Menschen. Und nun sind
besonders viele Menschen in Jerusalem, die gekommen sind, um das Passafest dort zu feiern.
Irgendjemand hat es gehört: Jesus kommt nach Jerusalem! Alle erzählen
es weiter. Viele freuen sich: Jesus finde ich gut! Er hilft allen Menschen!
Sie stehen am Straßenrand und warten auf Jesus. Andere sagen: Jesus hat
einen blinden Mann geheilt, hier gibt es viele Kranke, Jesus wird sie alle
gesund machen. Und als nächstes wird er bestimmt die Römer aus dem
Land werfen und wir müssen keine Steuern mehr zahlen! Auch sie warten auf Jesus.
Als Jesus kommt, fangen die Menschen zu jubeln und zu winken an, sie
rufen: »Hosianna!« Sie breiten Kleider vor ihm aus, haben Palmzweige in
der Hand ... Jesus reitet auf einem Esel in die Stadt, es ist kein stolzes
Pferd, es ist keine Kutsche. Wieder zeigt er, dass er zu den armen Menschen gehören will. So wird Jesus in Jerusalem empfangen.
Aber viele schimpfen auch: Jesus geht zu bösen Menschen! Mit dem wol-
len wir nichts zu tun haben! Mit finsteren Blicken beobachten sie den
Jubel: Warte nur, Jesus, bis wir dich mal allein erwischen ...
Gespräch

Sicherung

L schreibt Überschrift an die Tafel: Jesus zieht in Jerusalem ein
L zeigt, wie der Hefteintrag geht:
Das Bild von Jesus wird eingeklebt, die jubelnden Menschen werden da-
zugemalt.
Schü gestalten Hefteintrag:
Während die Schü malen, erzählt L weiter:
Wie in jedem Jahr zum Passafest essen und trinken Jesus und seine
Freunde miteinander. Doch dieses Mal ist es anders: Jesus teilt Brot und
Wein aus und spricht die Abendmahlsworte – Jesus spricht von seinem
Tod; und er kündigt Verleugnung und Verrat an.

Schluss

Ausblick: In der nächsten Stunde hörst du, wie es weitergeht.
Gebet, Verabschiedung

2. Stunde: Jesus stirbt am Kreuz

LZ: 1.4.1. Jesus leidet und stirbt
Jesus wird gefangen genommen; er leidet und stirbt
Die Jünger bleiben ängstlich zurück
QV: KR 1.5.

Material

Möglichst ein originales Hoffnungskreuz aus El Salvador (*zu beziehen über »vamos«/Fr. Moser, Ludwig-Thoma-Str.12, 82205 Gilching*) oder buntes Bild davon, Kopien für die Kinder (*siehe M 12*), Kindergesangbuch

Begrüßung, Lied: »Jesus zieht in Jerusalem ein« (Kindergesangbuch Nr. 57)

Hinführung

Wiederholen und anknüpfen an die vergangene Stunde:
Auch in unserem Klassenzimmer hängt ein Kreuz.
Gemeinsam betrachten.
Gespräch: Ist dir das Kreuz schon aufgefallen?
Wo hast du schon ein Kreuz gesehen?
Es erinnert uns an Jesus, es ist das wichtigste Zeichen der Christen.

Erarbeitung

Heute hörst du die Geschichte, wie Jesus sterben musste. Das ist heute eine traurige Geschichte, aber zum Glück ist sie nicht zu Ende.
Freie, gekürzte L.erzählung der Leidensgeschichte:
Judas verrät den Feinden von Jesus, wo sie ihn finden. Jesus betet im Garten Getsemane, er wird gefangengenommen. Die Jünger fliehen.
Jesus wird vom hohen Rat verhört, da sind die Schriftgelehrten, Jesu Feinde. Sie fragen: Hast du mit Zöllnern und bösen Menschen zusammen gegessen? Sie sagen: Jesus hält sich nicht an Gottes Gebote! Und das, obwohl die Leute ihn Gottes Sohn nennen! Das darf nicht sein!
Petrus sitzt draußen im Hof und wird erkannt. Dreimal behauptet er, Jesus nicht zu kennen. Da kräht der Hahn. Petrus ist verzweifelt.
Jesus wird zu Pilatus geschafft, denn der hohe Rat darf ihn nicht verurteilen. Pilatus, das ist der Statthalter, der Bestimmer der Römer in Jerusalem. Pilatus denkt: Viele Leute sagen, dass Jesus uns Römer aus dem Land werfen will. Aber er sieht doch ganz harmlos aus? Er hat doch nichts getan!Doch die Feinde von Jesus sind mitgekommen und schreien laut: Pilatus, kreuzige ihn! Sie schreien so laut, und Jesus sagt nichts, um sich zu verteidigen. Schließlich verurteilt Pilatus Jesus zum Tod.
Am nächsten Morgen muss Jesus sein Kreuz selbst zum Hügel Golgata tragen. Er wird ans Kreuz gehängt und stirbt. Daran erinnert uns das Kreuz. Doch nun seht dieses bunte Kreuz: Denn das Kreuz erinnert uns nicht nur an den Tod Jesu, sondern auch daran, dass mit dem Tod nicht alles zu Ende ist! Das hört ihr beim nächsten Mal.
Gespräch

Sicherung

Schü gestalten Hefteintrag, sie kleben das Kreuz ein und malen es bunt an; dazu den Text: Jesus stirbt am Kreuz. Doch mit dem Tod ist nicht alles zu Ende!

Schluss

Gebet, das auf die Leidensgeschichte Bezug nimmt, Verabschiedung.

3. Stunde: Jesus ist auferstanden!

LZ: 1.4.2. Jesus Christus lebt
Von der Auferweckung Jesu durch Gott erfahren
Jesus bleibt nicht tot; Gott schenkt ihm neues Leben in seiner Gegenwart
Die Jünger hören die Botschaft …
QV: KR 1.5.

Material	Wasserfarben, Papier, Farbfolie: Drei Frauen gehen zum Grab von Gisela Harupa (evtl. ausleihen bei der örtlichen Medienstelle), Tageslichtprojektor, Kopien des Bildausschnitts (M 28), Kindergesangbuch

Begrüßung, Lied: »Jesus zieht in Jerusalem ein« (Kindergesangbuch Nr. 57)

Hinführung — *Das bunte Hoffnungs-Kreuz zeigen, anknüpfen an die vorige Stunde: »Mit dem Tod ist nicht alles zu Ende«*

Erarbeitung — *Freie L.erzählung nach Lk 24,1–12, dabei Einblenden der Folie:*
Drei Frauen gehen bei Sonnenaufgang zum Grab, sie sprechen miteinander: Jesus ist gestorben, alle sind traurig und verzweifelt. Er ist begraben worden, in ein Grab gelegt mit einem großen Stein davor. Sie wollen Jesus mit kostbarem Öl einsalben, wie es bei wichtigen Menschen üblich ist. Sie überlegen, wie sie den Stein wegrollen könnten.
Doch als sie zum Grab kommen, ist der Stein weg und das Grab leer. Da stehen plötzlich zwei Männer mit leuchtenden Gewändern. Sie sagen: Jesus ist nicht hier, Gott hat ihn vom Tod auferweckt! Geht zu den Jüngern und sagt ihnen: Jesus lebt!
Die Frauen sehen sich an und spüren: Jesus lebt. Ich fühle, dass er bei uns ist in unseren Herzen, ganz nah! Voll Freude laufen sie zu den Jüngern. Sie fassen wieder Mut, sie verstehen: Mit dem Tod ist nicht alles zu Ende!
Gespräch

Sicherung — *Nun dürft ihr den Sonnenaufgang mit Wasserfarben auf ein Extra-Papier malen.*
Das muss erst trocknen! Erst in der nächsten Stunde die drei Frauen aufkleben und den Text schreiben: Die Frauen hören und spüren: Jesus ist auferstanden!
Gespräch: Das ist das Osterfest! Das ist das wichtigste Fest für uns Christen!

Alternative: Trauer und Freude mit Instrumenten ausdrücken
Oder eine Meditation zu klassischer Musik

Schluss — *Gebet, das die Osterfreude zum Ausdruck bringt*
Lied, z.B.: »Der Herr ist auferstanden« (Kindergesangbuch Nr. 68)

Anmerkung: Das Wort: »Auferstehung« ist nach meiner Erfahrung den Kindern gar nicht geläufig. Deshalb das Wort oft in diesem Zusammenhang nennen. Die Kinder sagen sonst: Jesus ist »aufgestanden« – und das wird dem nicht gerecht.

4. Stunde: Wir gestalten ein Hoffnungskreuz

LZ: 1.4.3. Die Bedeutung des Kreuzes
Im Zeichen des Kreuzes verbindet sich für die Jünger Trauer über Jesu
Tod und Freude über seine Auferstehung

Material

»Hoffnungskreuz« in Abschnitten vergrößert kopiert (M 12), großes
Papier zum Aufkleben, bunte Papierstücke (DIN-A7), Hoffnungskreuz
(oder Bild davon), Kindergesangbuch

Begrüßung, Lied: »Jesus zieht in Jerusalem ein« (Kindergesangbuch Nr. 57)

Hinführung

*Ihr habt beim letzten Mal einen schönen Sonnenaufgang gemalt; bitte
mache das Bild nun noch fertig: Klebe die Frauen auf.*
*Schü gestalten Hefteintrag fertig; auch der Text »Die Frauen hören und
spüren: Jesus ist auferstanden!« darf nicht fehlen.*
L zeigt buntes Hoffnungskreuz und erklärt im Gespräch:
In der vorletzten Stunde habe ich gesagt: Mit dem Tod ist nicht alles zu Ende.
War alles zu Ende, als Jesus tot war? Hat niemand mehr sich an ihn erinnert und an das Gute, was er getan hat? Nein! Im Gegenteil! Die Menschen haben umso mehr daran gedacht. Deshalb ist das Kreuz, obwohl es
an den Tod erinnert, bunt und farbenfroh, ein Zeichen der Hoffnung!

Erarbeitung

Was die Frauen und die Jünger verstehen, ist folgendes:
Jesus hat den ausgestoßenen Levi aufgenommen. – Auch wir können zu
ausgestoßenen Menschen nett sein.
Jesus hat im Sturm den Jüngern Mut gemacht. – Auch wir können ande-
ren Mut machen!
Jesus hat den blinden Bartimäus geheilt. – Wir können Blinden helfen!
Auch wenn Jesus gestorben ist, und nicht mehr bei uns ist – daran er-
innert uns das Kreuz – trotzdem lebt er in unseren Herzen, wir erinnern
uns daran, was er Gutes getan hat, und können selbst Gutes tun! – das
sagen die bunten Farben.
Was können wir Gutes tun?
Schü.äußerungen sammeln

Sicherung/
Gestaltung

Nun bekommt jedes Kind ein Stück des Hoffnungskreuzes und bemalt es
bunt.
Auf einen bunten Zettel wird geschrieben, was wir Gutes tun können!
Schließlich wird das Kreuz auf ein Plakat geklebt und die Zettel daneben.

Schluss

*Gemeinsam wird das Kreuz betrachtet und im Gebet die Hauptgedanken
wiederholt.*
Verabschiedung

Alternativen: Karten zum Verschenken gestalten,
*LZ: Eine Osterfeier vorbereiten und gestalten und dabei Hoffnungs-
kreuze z.B. an andere Klassen verschenken QV: KR 1.5.; D 1/2.1.3.; HSU
1.6.3.; WTG 1.3.1.*
Evtl. den Schulgottesdienst mit ähnlichem Thema mit vorbereiten.

5. THEMENBEREICH:
Gottes gute Schöpfung entdecken

Lernziele

1.5.   Gottes gute Schöpfung entdecken
1.5.1. Das Geschenk der Schöpfung
1.5.2. Eigene Wahrnehmungsfähigkeiten als Schöpfungsgaben
1.5.3. Schöpfung als Lebensgemeinschaft

QV: PL 1/2.2., KR 1.6.1., 1.6.2., Eth 1/2.5., 1/2.1., HSU 1.5. und 1.2.2., MuE 1.4.2.

*Stoffverteilungs-
plan für
April*

1. Die Natur ist schön!	1.5.1., 1.5.3.
2. Wir schützen Pflanzen und Tiere	1.5.3.
3. Bitte keine Umweltverschmutzung!	1.5.3.
4. und 5. Was ich alles kann Meine Sinne	1.5.2.
6. Was ich alles tun kann	Rückgriff auf 1.1.1.
7. und 8. Die Schöpfungsgeschichte	1.5.3.

1. Stunde: Die Natur ist schön!

LZ: 1.5. Gottes gute Schöpfung entdecken
1.5.1. Das Geschenk der Schöpfung
1.5.3. Schöpfung als Lebensgemeinschaft
QV: PL 1/2.2.; KR 1.6.; Eth 1/2.5.; HSU 1.5.

Material

Schreibblock, evtl. Fotoapparat

*Begrüßung, Lied lernen und singen: »Du hast uns deine Welt geschenkt«
(M 29)*

Hinführung

Macht die Augen zu!
Wie sieht es im Schulhof aus? Stelle es dir vor, beschreibe!
Schü.äußerungen

Erarbeitung

Wie viele verschiedene Blumen und Bäume finden wir im Schulhof?
Das schauen wir nach! Nehmt Block und Bleistift mit.
Kurzer Gang in den Schulhof. Die verschiedenen Pflanzen werden gemeinsam betrachtet und bestaunt.
Welche Blumen kennst du? Schreibe sie auf!
(Ein schriftlicher Arbeitsauftrag ist günstig gegen Herumtoben)

Sicherung/ Gestaltung

Wieder im Zimmer, wird ein Hefteintrag gestaltet:
Überschrift: Die Natur ist schön!
L malt an die Tafel, die Kinder im Heft: Bäume, Büsche, Blumen, auch Tiere: Schmetterlinge, Vögel ... Das wird ein schönes Natur-Bild!
Währenddessen Gespräch: Was malst du? Was hast du alles entdeckt?

Schluss

Die Bilder werden gezeigt.
Vielleicht das Lied noch einmal singen.
Gebet: Wir staunen, wie schön die Natur ist!
Verabschiedung

Alternativen: Wer nicht gerne malt, könnte aus Naturbildern eine Collage gestalten. Auch ein Blattdruck mit einigen gepflückten Blättern ist möglich.
Wer gerne fotografiert, könnte 5 Fotos im Schulhof machen und sie nächste Woche mit den Pflanzen vergleichen: So viel ist die Pflanze gewachsen!
(Das ist im Frühling tatsächlich erheblich!)
Einen Kressekopf mit grünen Haaren herstellen: Eine halbe Eierschale mit einem Gesicht bemalen, Watte hinein und ein paar Kressesamen, feucht halten.

2. Stunde: Wir schützen Pflanzen und Tiere!

LZ: 1.5.3. Schöpfung als Lebensgemeinschaft
Wahrnehmen, dass Menschen, Tiere, Pflanzen in einer Schöpfungsgemeinschaft leben; sich in dieser Schöpfungsgemeinschaft füreinander
verantwortlich fühlen
QV: Eth 1/2.5.

Material

Vorlesebuch Religion 1, blaues Transparentpapier, evtl. Schild mit der
Aufschrift: Bitte lasst die Büsche und das Gras wachsen und lauft nicht
hier durch!

Begrüßung, Lied: »Du hast uns deine Welt geschenkt« (M 29)

Hinführung

L zeigt Schild aus dem Pausenhof: »Bitte lasst die Büsche wachsen« ...
Oder: L erzählt: Letzte Woche, als ich Pausenaufsicht hatte, habe ich wieder mit Kindern schimpfen müssen. Sie haben Zweige von den Büschen
abgerissen ...
Warum? Wozu ist das Schild? Warum schimpfe ich da?

Erarbeitung

Gespräch, Vorwissen der Schü einbringen:
Warum sollen wir Pflanzen schützen?
Pflanzen machen gute Luft, sie geben uns und den Tieren Essen, sie er-
freuen uns!
Warum schützen wir Tiere?
Die Tiere nützen den Menschen, sie haben ein Recht zu leben.
Stelle dir eine Welt ohne Tiere und ohne Pflanzen vor ... Das wäre
schlimm!
L.erzählung: Der Junge und der Fisch aus dem Vorlesebuch Religion, S. 64
Gespräch

**Sicherung/
Gestaltung**

Schü gestalten Hefteintrag
Überschrift: Wir schützen Pflanzen und Tiere!
*Es wird ein passendes Bild zur Geschichte gemalt, der Teich wird aus
blauem Transparentpapier gestaltet. (Erst den Fisch malen, dann den
Teich darüberkleben)*

Schluss

Schü zeigen die Bilder im Heft.
Passendes Gebet
Verabschiedung

*Alternative: Das Buch »Franz und das Rotkehlchen« lesen und gestalten
(In Anlehnung an Franz von Assisi: Franz fängt Vogel und lässt ihn wieder frei).*

3. Stunde: Bitte keine Umweltverschmutzung!

LZ: 1.5.3. Schöpfung als Lebensgemeinschaft
QV: PL 1/2.2.; HSU 1.5.; MuE 1.4.2.

Material

Bild Umweltverschmutzung (M 30) einmal vergrößert, für die Kinder kopiert, rotes Papier DIN A5 und mehrere Unterteller, Buttermilchbecher oder ähnliches, die man als Schablone benutzt, Kaugummi (zuckerfrei)

Begrüßung, Lied: »Du hast uns deine Welt geschenkt« (M 29)

Hinführung

Bild: Müll in der Natur
Schü.äußerungen

Erarbeitung

Gespräch
Manche Menschen machen das: Einfach Müll in die Natur werfen. Warum?
Sie denken nicht nach, sie sind zu faul.
Umweltverschmutzung ist nicht in Ordnung. Warum?
Es schadet Pflanzen, Tieren, Menschen, es schaut nicht schön aus.
Was können wir tun?
Wenn wir Picknick machen, Müll vermeiden. Wie?
So wie bei deiner Brotzeit: Brotboxen verwenden, Flaschen füllen.
Rollenspiel
Wenn jemand einfach ein Kaugummipapier wegwirft. Was könntest du dann sagen?
(Höflich): Das gehört doch in den Müll! Wenn das jeder machen würde, wie würde es dann aussehen! ...
Evtl. zwei, drei Durchgänge; dann bekommt jeder einen Kaugummi. (ausnahmsweise)
Und was machst du später mit dem Kaugummi? Der gehört erst recht in den Müll!

Sicherung

In das Heft kommt heute ein Verkehrsschild mit der Aufschrift: Bitte keine Umweltverschmutzung!
Das geht so: *L zeigt und erklärt (siehe Anleitung M 30):*
Auf das rote Papier wird der Unterteller gelegt und mit Bleistift umfahren. In die Mitte von diesem Kreis wird der etwas kleinere Buttermilchbecher gestellt und umfahren. Nun ausschneiden. Wie schneidest du den Kreis in der Mitte aus? Richtig! Du knickst in der Mitte, schneidest einen kleinen Schnitt und kannst dann innen entlang schneiden. Den Strich extra ausschneiden. Klebe nun das Schild auf das Bild. Schreibe die Überschrift: Bitte: Keine Umweltverschmutzung!

Schluss

Die Hefte zeigen und bekräftigen: Bitte keine Umweltverschmutzung!
Passendes Gebet
Verabschiedung

4. Stunde: Was ich alles kann – meine Sinne
(erste von zwei Stunden)

LZ: 1.5.2. Sich bewusst werden, wie wir durch Sinneserfahrungen Anteil
haben an der Welt der Schöpfung
QV: KR 1.6.1.; Eth 1/2.5.; HSU 1.2.2.

Material

CD oder Cassette mit ruhiger Musik, z.B. von Andreas Vollenweider,
CD-Player oder Cassettenrekorder, Glöckchen, Kindergesangbuch,
5 Dinge zum Riechen, z.B. Kaffee, Pfefferminztee, Zitrone, saure Gur-
ken, Parfum; 5 Dinge zum Schmecken in mundgerechten Stücken, z.B.
Zwieback, Karotte, Apfel, Käse, saure Gurke; 5 Dinge zum Fühlen, z.B.
Schere, Stift, Wolle, Ei, Wasser; 15 Tücher.
Schü: Schreibblock

Begrüßung, Lied: »Dass ich springen darf« (Kindergesangbuch Nr. 101)
Strophen dazu singen: Dass ich hören, riechen, fühlen, schmecken, sehen darf

Hinführung

Heute habe ich eine Menge Sachen für euch vorbereitet
Was wir machen, kam schon in dem Lied vor ...

Erarbeitung

Gemeinsam erarbeiten, Vorwissen einbringen:
Wir haben fünf Sinne: Mit den Augen sehen wir, mit den Ohren hören
wir, mit der Nase riechen wir, mit der Zunge schmecken wir, mit den
Händen fühlen wir. So nehmen wir alles um uns herum wahr.
Das erste Spiel ist ein Spiel zum Hören:
Hört die schöne Musik! Haltet euch mit einer Hand die Augen zu.
Wenn ihr ein Glöckchen hört, zeigt ihr mit der anderen Hand dorthin!
Während die ruhige Musik spielt, schleicht L durchs Zimmer und bimmelt
ab und zu; Schü zeigen dort hin
Nun kommt der Stationenlauf, bestimmt seid ihr schon neugierig!
Die Kinder werden in drei Gruppen geteilt, die Reihenfolge wird vorher
festgelegt; am Ende hat jeder jede Station gemacht; Gemeinsam wird erklärt:
Bei der Fühlstation sind unter 5 Tüchern 5 Dinge zum Fühlen versteckt.
Fühle, was das ist, ohne zu schauen. Verrate es nicht! Schreibe es auf!
So geht die Riechstation: Du setzt dich davor, machst die Augen zu, hebst
das Tuch hoch und riechst, was das ist. Decke das Tuch zu, schreibe es auf!
Eine Kleinigkeit essen darfst du bei der Schmeckstation: Fasse unter das
Tuch, mache die Augen zu, nimm ein Stück und stecke es in den Mund.
Was ist das?
Schü arbeiten nun selbstständig an den Stationen.

Sicherung

(Folgt in der nächsten Stunde)

Schluss

Im Gespräch werden die Ergebnisse zusammengetragen:
Was hast du gefühlt, gerochen, geschmeckt?
Hat dir das Spaß gemacht? Was hat dir am besten gefallen?
Gebet, Verabschiedung

5. Stunde: Was ich alles kann – meine Sinne
(zweite von zwei Stunden)

LZ: 1.5.2. Sich bewusst werden, wie wir durch Sinneserfahrungen Anteil haben an der Welt der Schöpfung
QV: KR 1.6.1.; Eth 1/2.5.; HSU 1.2.2.

Material

große Tischdecke, eine schöne Murmel oder Ähnliches, viele Glitzeraufkleber, Tasche mit ca. 20 Dingen zum Fühlen (z. B. Becher, Schere, Radierer, Stift), Verzeichnis dazu, Kindergesangbuch, Schü: Schreibblock

Begrüßung, Lied: »Dass ich springen darf« (Kindergesangbuch Nr. 101)
Strophen dazu singen: Dass ich hören, riechen, fühlen, schmecken, sehen darf

Hinführung

Anknüpfen an die letzte Stunde: Erzähle!
Was sind die fünf Sinne?

Erarbeitung

Was fehlt noch? Ein Spiel zum Sehen! Das geht so:
Auf dem Tisch im Sitzkreis liegt eine schöne bunte Murmel.
Alle gehen hinaus, die Murmel wird versteckt, aber so, dass man sie gut sehen kann. Wenn ihr hereinkommt, geht ihr leise durchs Zimmer und schaut. Achtung! Wenn ihr die Murmel gesehen habt, verratet es nicht! Geht unauffällig noch ein paar Schritte weiter und setzt euch dann hin. Denn das Spiel ist erst zu Ende, wenn alle die Murmel gesehen haben!
Das Spiel wird gespielt, evtl. zweiter Durchgang.
L: Wollt ihr noch ein Spiel zum Hören? – Ja!
Schü setzen sich auf den Platz, legen den Schreibblock und Bleistift bereit.
Geht auf Tauchstation (*Schü legen Kopf in die verschränkten Arme*) und hört!
L macht fünf Geräusche, z.B. Wasser aufdrehen, Fenster auf, Papier reißen … Schü hören und schreiben es auf.

Sicherung/
Gestaltung

Gespräch: Nun haben wir viel mit unseren fünf Sinnen gemacht.
Ist das nicht zum Staunen, was wir alles können?…
Auf dem Tischtuch sind viele Aufkleber ausgebreitet. Wir schauen sie an, und: Du darfst dir einen Aufkleber aussuchen. Denn: *L erklärt und zeigt Hefteintrag (siehe M 31):*
Du schreibst die Überschrift und malst dich selber in die Mitte.
Zum Schmecken, Hören und Fühlen malst du etwas. Beim Sehen klebst du den Aufkleber ein! Für das Riechen bekommst du Parfum ins Heft gesprüht! Lasse unten 4 Zeilen frei!
Schü gestalten Hefteintrag

Schluss

Ein weiteres Spiel wartet auf die Kinder, die den Eintrag fertig haben: In einer Tasche sind viele Gegenstande, auf einer Liste steht, was. Nun nennt ein Kind einen Gegenstand von der Liste, ein anderes Kind muss das Ding in der Tasche ertasten und herausholen. Ohne Schauen!
Die Hefteinträge werden gezeigt, ein passendes Gebet gesprochen, das den Dank ausdrückt für das, was wir können; Verabschiedung
Weiterführung: s. LZ: 1.5.3.: einen »Weg des Staunens« im Schulgelände anlegen

6. Stunde: Was ich alles kann

LZ: Rückgriff auf Lehrplaneinheit 1.1.1.: Teillernziel: Jeder hat besondere
Fähigkeiten
QV: Eth 1/2.1.: Eigene Fehler wahrnehmen und mit ihnen umgehen lernen.

Material

Decke o.ä., Wortkarten, Kindergesangbuch

Begrüßung, Lied: »Dass ich springen darf« (Kindergesangbuch Nr. 101)

Hinführung

Anknüpfen an die letzten Stunden:
Auch heute machen wir wieder zwei Spiele, die mit den Sinnen zu tun
haben.
Das erste Spiel geht so:
Ihr schaut die anderen Kinder genau an. Dann macht ihr die Augen zu
und ich decke ein Kind zu. Zwei Dinge möchte ich wissen: Welches Kind
habe ich zugedeckt?
Und: Was hat das Kind für Kleidung an?
Spiel wird durchgeführt.

Erarbeitung

Du kannst sehen, hören, riechen, schmecken und fühlen.
Du kannst aber noch viel mehr: springen wie im Lied, laufen, sprechen …
Schü.äußerungen
Nun geht es der Reihe nach: Was kannst du besonders gut?
L notiert die Wörter auf Karton z.B.: singen, schwimmen, rechnen …
Was kannst du denn nicht so gut?
Wieder eine Runde Schü.äußerungen, auch L darf nicht fehlen.
Gespräch:
Keiner kann alles, jeder kann etwas gut, anderes nicht.
Schwächen kann man zugeben!

Sicherung

Was du gut kannst, das möchte ich nun noch einmal mit euch singen:
Lied variieren: Dass ich Rad fahren, schwimmen, schreiben … kann
Im Lied heißt es: Ich danke dir! Wir danken Gott, dass wir das alles können!
Nun wird, mit Hilfe der Wortkarten, der Hefteintrag vervollständigt:
»Ich kann …« Jedes Kind sucht sich 3 Wörter aus und schreibt sie (M 31).

Schluss

Ein Spiel fehlt noch, das geht so:
*Ein Kind bekommt die Augen verbunden. L wählt ein anderes Kind aus,
das nun durch Befühlen geraten werden muss. Es sagt auch: Wer bin ich?
– Vielleicht kannst du es erraten, wenn du die Stimme hörst?
Gebet, auch danken für alles, was ich kann.
Verabschiedung*

*Anmerkung: Die Stunde ist an dieser Stelle vom Lehrplan nicht vorgese-
hen. Ich denke, die Kinder können leichter zugeben, was sie nicht so gut
können, wenn sie sich schon etwas länger kennen. Auch für beide Spiele ist
es nötig, dass die Kinder sich kennen.*

7. Stunde: Die Schöpfungsgeschichte
(erste von zwei Stunden)

LZ: 1.5.3. Schöpfung als Lebensgemeinschaft
QV: PL 1/2.2.; KR 1.6.2.

Material
Möckmühler Arbeitsbogen Nr. 83 zum Malen und Ausschneiden *(siehe Literaturverzeichnis, S. 139),* Laubi-Kinderbibel

Begrüßung, Lied: »Du hast uns deine Welt geschenkt« (M 29)

Hinführung
Wir haben über die Natur, über Pflanzen, Tiere und Menschen gesprochen, aber noch nicht darüber: Wo kommt das alles her? Wie ist die Erde entstanden? Was weißt du darüber?
Vorwissen der Schü

Erarbeitung
Gespräch, in dem die Ergebnisse zusammengetragen und ergänzt werden:
Die Erde ist schon viele Millionen Jahre alt; früher gab es keine Menschen, dafür Dinosaurier; der Mensch stammt vom Affen ab…
Evtl.: Du hast von Adam und Eva gehört und dass Gott die Erde in sechs Tagen erschaffen hat. Das passt doch mit der anderen Geschichte nicht zusammen?
L: Heute möchte ich euch diese Geschichte aus der Bibel vorlesen.
Diese Geschichte ist schon sehr alt, vor über 3000 Jahren ist sie aufgeschrieben worden. Damals konnten die Menschen noch keine Ausgrabungen machen und hatten keine Messgeräte, mit denen man das Alter von Dinosaurierknochen bestimmen konnte. Sie haben die Geschichte so aufgeschrieben, wie sie sich das damals vorgestellt haben. Und das war so:
L liest aus der Laubi-Bibel S. 7 und 8
Evtl. Fragen, Gespräch
Ausblick: Was das Wichtigste ist an der Geschichte, möchte ich euch beim nächsten Mal erklären.

Sicherung
Dieser Bilderbogen zum Malen und Ausschneiden macht euch bestimmt Spaß:
L zeigt und erklärt: Himmel und Erde werden auf eine Doppelseite ins Heft geklebt und ausgemalt. Die Figuren malen und kleben die Schü dazu, es müssen nicht alle sein. – Schü gestalten Hefteintrag (der aber unmöglich heute fertig gestellt wird)

Schluss
Bei nächsten Mal geht es weiter!
Passendes Gebet, Verabschiedung

Anmerkung: Die Schöpfungsgeschichte steht nicht im Lehrplan. Warum nicht?
Kürzlich hatte ich in der 1. Klasse zum ersten Mal die Situation, dass kein einziges Kind die Geschichte von Adam und Eva kannte.

8. Stunde: Die Schöpfungsgeschichte
(zweite von zwei Stunden)

LZ: 1.5.3. Die Schöpfung als Lebensgemeinschaft
QV: PL 1/2.2.; KR 1.6.2.

Material	Bilderbogen der letzten Stunde, Evangelisches Gesangbuch
	Begrüßung, Lied: »Du hast uns deine Welt geschenkt« (M 29)
Hinführung	*Anknüpfen an die letzte Stunde: Wiederholen der Schöpfungsgeschichte aus der Bibel.*
Erarbeitung	Was ist das Wichtigste an der Geschichte, wie die Erde entstanden ist? Es sind zwei Sachen: Gott hat den Anfang gemacht! Wir wissen heute, dass die Welt nicht so entstanden ist, wie es in der Bibel steht. Wir wissen, dass es viele Millionen Jahre gedauert hat, und dass sich das Leben auf der Erde ganz langsam entwickelt hat: Erst gab es Pflanzen, dann ganz einfache Tiere, im Lauf langer Zeit sind die Tiere immer schlauer geworden. Daraus ist dann der Mensch entstanden. Ich sage: Das kann kein Zufall sein! Ich glaube, dass Gott sich das so ausgedacht hat und die Welt deshalb so geworden ist, mit den Pflanzen, Tieren und Menschen. Es hat nur viel länger gedauert als es in der Bibel steht. Das zweite Wichtige ist folgender Satz aus der Geschichte: »Gott sprach: Euch vertraue ich alles an, was lebt … Geht sorgsam damit um!« *Gespräch:* Der Mensch darf die Natur nicht kaputt machen! So wie wir für einen Garten sorgen, so sollen wir für die Welt sorgen.
Sicherung	*L schreibt an die Tafel: Die Schöpfungsgeschichte – Gott sprach: Euch vertraue ich alles an, was lebt. Geht sorgsam damit um! Schü gestalten Hefteintrag fertig und schreiben den Text ab.*
Schluss	*Lied: »Geh aus, mein Herz, und suche Freud« EG Nr. 503, 1. Strophe lernen.* In diesem Lied ist die Freude über und Dankbarkeit für alles Geschaffene ausgedrückt. *Passendes Gebet, Verabschiedung*

6. THEMENBEREICH:
Auf Gott vertrauen – Mut zum Leben gewinnen: Abraham

Lernziele

1.6.   Auf Gott vertrauen – Mut zum Leben gewinnen
1.6.1. Vertrauen als Lebensgrund
1.6.2. Abraham – ein Leben im Vertrauen auf Gott
1.6.3. Abraham – eine Glaubensgestalt für uns

QV: KR 1.1.1., Eth 1/2.6., HSU 1.4.2., D 1/2.5., KR (3. Klasse): 3.1.2.

Stoffverteilungs-
plan für
Mai

1. Der Findefuchs	1.6.1.
2. Vertrauensspiele	1.6.1.
3. Niki und das Dreimeterbrett	1.6.1.
4. Nomadenleben	1.6.2.
5. Abraham	1.6.2.
6. Abraham und Lot	1.6.2.
7. Gottes Segen unter dem Sternenhimmel	1.6.2.
8. Isaak wird geboren	1.6.2.
9. Frau Bogdahn erzählt von ihrer Oma	1.6.3.

1. Stunde: Der Findefuchs

LZ: 1.6.1. Vertrauen als Lebensgrund
QV: Eth 1/2.6.; HSU 1.4.2.; D 1/2.5.

Material	Buch »Der Findefuchs« von Irina Korschunow, kopiertes Bild daraus, Kindergesangbuch, Bild: Kind hält Erwachsenen an der Hand (M 32), passende Musik
	Begrüßung, Lied lernen und singen: »Gottes Liebe ist so wunderbar« (Kindergesangbuch Nr. 146)
Hinführung	*Bildmeditation mit Musik:* Kind hat Vertrauen *Schü.äußerungen* Ein neues Thema: Vertrauen
Erarbeitung	Was bedeutet Vertrauen? Wie fühlt es sich an? *Schü.äußerungen* Dazu hört ihr in der nächsten Zeit viele Geschichten. Das erste ist eine Tiergeschichte! *L liest den »Findefuchs« ungefähr zur Hälfte vor (um ein Kapitel kürzen!). Schü erhalten Kopie zum Malen Evtl. zwischendurch Erzählung unterbrechen, Gespräch Ausblick: Die Geschichte erzähle ich euch beim nächsten Mal zu Ende!*
Sicherung	*Gespräch:* Wie fühlt sich der kleine Fuchs? *Bild vom Anfang der Stunde noch einmal betrachten* Vertrauen heißt: Sich auf jemand verlassen, der mich beschützt und für mich sorgt. *Schü.äußerungen*
Schluss	*Lied noch einmal singen Gebet, in dem es auch um Vertrauen geht, Verabschiedung*

Anmerkung: In vielen Schulen ist der »Findefuchs« als Klassensatz vorhanden, dann könnten die Kinder zu Hause übers Wochenende die Geschichte weiterlesen. Sehr gute Leser/innen könnten auch ein Stück vorlesen, aber Achtung: Geht es zu zäh, leiden die Aufmerksamkeit der anderen und die Geschichte.

2. Stunde: Vertrauensspiele

LZ: 1.6.1. Vertrauen als Lebenshintergrund
QV: Eth 1/2.6.; HSU 1.4.2.; D 1/2.5.

Material

Buch: »Der Findefuchs« von Irina Korschunow, Tücher zum Augen verbinden, Polster oder Kissen, Kindergesangbuch

Begrüßung, Lied: »Gottes Liebe ist so wunderbar« (Kindergesangbuch Nr. 146)

Hinführung

Findefuchs-Buch zeigen:
Schü wiederholen die Geschichte vom letzten Mal

Erarbeitung

L liest nun die Geschichte vom Findefuchs fertig vor
Gespräch
Wie schön, dass der Findefuchs eine neue Mutter gefunden hat!
Allein kann ein Tierkind, und auch ein Menschenkind, nicht leben!
Wem kannst du vertrauen?

L: Nun möchte ich mit euch Vertrauensspiele spielen:
Das erste Spiel heißt: Ich fange dich auf!
In der Mitte vom Sitzkreis werden die Polster unserer Sitzbank oder Kissen hingelegt. Ein Kind lässt sich rückwärts (mit ausgebreiteten Armen und gestreckt) nach hinten fallen, die Lehrerin fängt es auf.
Jede/r kommt der Reihe nach dran!

Das zweite Spiel heißt: Ich führe dich!
Nun brauchst du eine Partnerin/einen Partner, auf die du dich verlassen kannst. Ein Kind bekommt die Augen verbunden, das zweite Kind nimmt dich an den Schultern und führt dich vorsichtig! durchs Zimmer. Ganz wichtig: Das ist ein Vertrauensspiel! Es darf nichts passieren! Bitte passt auf, dass das Kind mit den verbundenen Augen nicht stolpert oder sich stößt! Nachher wird abgewechselt.
Jedes Kind wird ungefähr 2 Minuten lang geführt.

(Falls Zeit ist): Das dritte Spiel heißt: Wir halten dich!
Ein Kind legt sich im Sitzkreis auf die Polster, alle anderen stehen im engen Kreis herum, nehmen gemeinsam das Kind und heben es hoch (L hält den Kopf).
(Es sind 10 bis 12 Kinder nötig, um ein Kind sicher hochzuheben; falls das Spiel nicht gut klappt, abbrechen.)

Sicherung

Gespräch über die Spiele: Was hat dir gut gefallen, was weniger?
Wie hast du dich gefühlt? Für diese Spiele braucht man Vertrauen.
Bei diesen Spielen spürt man Vertrauen!

Schluss

Passendes Gebet, Verabschiedung

3. Stunde: Niki und das Dreimeterbrett

LZ: 1.6.1. Vertrauen als Lebensgrund
QV: Eth 1/2.6.; HSU 1.4.2.

Material	Vorlesebuch Religion 2, Kindergesangbuch
	Begrüßung, Lied: »Gottes Liebe ist so wunderbar« (Kindergesangbuch Nr. 146)
Hinführung	*Pantomime: L oder Schü steigt die Leiter hoch auf ein Sprungbrett, geht vorsichtig nach vorn, hat Angst, springt nicht.*
	Schü.äußerungen
Erarbeitung	Noch eine Geschichte vom Vertrauen:
	Niki und das Dreimeterbrett
	L liest Geschichte vor (Vorlesebuch, Seite 21)
	Niki vertraut seinem Opa und springt schließlich vom Dreimeterbrett.
	Schü.äußerungen, Gespräch
	Erzähle: Hast du dich mal etwas getraut, weil Mama, Papa ... dir Mut gemacht haben? Warst du hinterher stolz?
	Manchmal ist es nicht leicht, Vertrauen zu haben. Um sich etwas zu trauen, braucht man Hilfe. Das geht schon los, wenn du z.B. Laufen lernst ...
	L erzählt, wie Kinder laufen lernen.
	Niki hat Vertrauen zu seinem Opa!
Sicherung	Male ein Bild von Niki!
	Die Überschrift heißt: Niki traut sich.
	Schü gestalten Hefteintrag.
Schluss	*Gebet, auch vom Vertrauen.*
	Verabschiedung

4. Stunde: Nomadenleben

LZ: 1.6.2. Abraham – ein Leben im Vertrauen auf Gott

Material

evtl. Bildmaterial über Nomadenleben, Kopie von einem Zelt (M 33), Kindergesangbuch

Begrüßung, Lied: »Gottes Liebe ist so wunderbar« (Kindergesangbuch Nr. 146)

Hinführung

In den nächsten Stunden hörst du die Geschichte von Abraham.
Abraham hat vor langer Zeit gelebt, im gleichen Land wie Jesus, aber noch viel früher; deswegen möchte ich dir heute ein bisschen von dem Leben damals erzählen.

Erarbeitung

Unterrichtsgespräch anhand Bildmaterial:
Was sind Nomaden? Vielleicht erinnerst du dich an die Dias von Israel?
Nomaden sind Hirten, die in Zelten leben und mit ihren Herden von Ort zu Ort ziehen, von einem Futterplatz zum nächsten. Es sind große Familien, mit Knechten und Mägden und vielen Tieren, mit Ziegen, Schafen, manchmal Kamelen.
Wie sieht so ein Nomadenzelt aus?
Es ist ziemlich groß, aus Stoff und Leder, auf dem Boden liegen Felle zum Schlafen.
Vor dem Zelt ist eine Feuerstelle.
Du erinnerst dich: Es ist ein Land, in dem meist die Sonne scheint.

Sicherung

Schü gestalten Hefteintrag
L schreibt Text an die Tafel:
Das Leben der Nomaden
Nomaden sind Hirten. Sie leben in Zelten und ziehen mit ihren Herden von Ort zu Ort.
Dazu das Bild vom Zelt (M 33) kleben und eine Feuerstelle, Hirten, Tiere, Berge, Himmel, Sonne ... malen
Schü zeigen Hefteinträge
Kurzes zusammenfassendes Gespräch über das Leben der Nomaden.

Schluss

Gebet
Verabschiedung

5. Stunde: Abraham

LZ: 1.6.2. Abraham – ein Leben im Vertrauen auf Gott
QV: KR (3. Klasse) 3.1.2.

Material	Buch: »Geschichten zur Bibel, Band 3« von Werner Laubi, Kindergesangbuch

Begrüßung, Lied lernen und singen:
»Abraham, Abraham, verlass dein Land« (Kindergesangbuch Nr. 160)

Hinführung	*Spiel im verdunkelten Zimmer:*

Kinder setzen sich irgendwo hin, die Augen sind zu
L geht leise herum, flüstert jeden Namen
Das Kind, das seinen Namen hört, schleicht in den Sitzkreis.
L: Ihr habt ganz aufmerksam hingehört.
Das hat auch Abraham gemacht …

Erarbeitung	*L.erzählung (Geschichten zur Bibel, S.16ff) und Gespräch:*

Abraham hört in der Nacht Gottes Stimme: Er soll fort ziehen
Sara und die anderen fragen: Warum? Uns geht es hier doch gut?
Und wohin überhaupt?
Doch Abraham vertraut fest auf Gott. Er ist sich ganz sicher, dass Gott ihn führen wird, auch wenn er jetzt noch nicht weiß, wohin.
Mit seinem ganzen Gefolge bricht er auf.

Sicherung	*Rollenspiel:* Ihr seid Sara, die Mägde und Knechte. Was sagt ihr dem Abraham?

Schü wiederholen, äußern die Einwände.
L: Aber Abraham lässt sich nicht umstimmen.
Er sagt: Ich vertraue darauf, dass Gott mich führt!
Schü gestalten Hefteintrag:
Text: Abraham
Abraham vertraut darauf, dass Gott ihn führt: Er zieht fort.
(Man könnte den kopierten Liedtext dazu kleben)

Schluss	*Passendes Gebet*

Verabschiedung

Anmerkung: Die Geschichte von Werner Laubi kann/muss für diese Altersstufe gekürzt werden; vor allem fallen die Geschichten von Sodom und Gomorra und auch von Hagar und Ismael weg.

6. Stunde: Abraham und Lot

LZ: 1.6.2. Abraham – ein Leben im Vertrauen auf Gott
Konflikte belasten das vertrauensvolle Zusammenleben der Sippen
QV: KR (3. Klasse) 3.1.2.

Material

Buch: »Geschichten zur Bibel, Band 3«, Arbeitsblatt (M 34),
für L eine Folie davon, Tageslichtprojektor, Kindergesangbuch

Begrüßung, Lied: »Abraham, verlass dein Land« (Kindergesangbuch Nr. 160)

Hinführung

Anschluss an die vorangegangene Geschichte: Abraham zieht fort.
L stellt in kurzer Pantomime Streit dar.
Schü: Da streiten welche, sie sind wütend …
Auch in der Geschichte von Abraham gibt es Streit:

Erarbeitung

L.erzählung (Geschichten zur Bibel, S. 23 ff) und Gespräch:
Streit der Hirten; es ist zu wenig Weideland.
Der erstaunliche Vorschlag von Abraham, der als Älterer bestimmen dürfte:
Lot soll auswählen
Lot entscheidet, mit seiner Familie und seiner Herde ins Tal zu gehen.
Sie verabschieden sich.

Kurzes Gespräch in drei Gruppen: Überlegt euch *(siehe Arbeitsblatt M 34):*
Gruppe 1: Wie kommt es zum Streit und wie wird er gelöst?
(Mögliche Antworten für das Arbeitsblatt: Es gibt zu wenig Weideland. –
Sie trennen sich. Abraham lässt Lot wählen.)
Gruppe 2: Was denkt sich Lot bei seiner Entscheidung?
(Ich nehme das gute Land, da haben es die Tiere gut.)
Gruppe 3: Was denkt sich Abraham bei seiner Entscheidung?
(Ich vertraue auf Gott. Er wird für uns sorgen.)
Gemeinsam werden die Ergebnisse besprochen.

Sicherung

Das Arbeitsblatt wird als Folie aufgelegt, gemeinsam werden passende Sätze formuliert, z.B. siehe oben.
Schü füllen das Arbeitsblatt aus und kleben es ins Heft.
Weiterführung: Wie Abraham sich bei dem Streit verhalten hat, das war schon erstaunlich. Er hat nachgegeben, obwohl er Recht gehabt hätte.
Hast du schon einmal einen Streit beendet und nachgegeben?
Schü.äußerungen
L: Ich hoffe, schon! Das ist gut!

Schluss

Passendes Gebet, Verabschiedung

7. Stunde: Gottes Segen unter dem Sternenhimmel

LZ: 1.6.2. Abraham – ein Leben im Vertrauen auf Gott
QV: KR (3. Klasse) 3.1.2.

Material

blaues Tonpapier, das etwas kleiner als DIN-A4 geschnitten ist, Wasser-farbe, Deckweiß, meditative Musik, die zum Sternenhimmel passt; durch-löchertes Papier A3, Tageslichtprojektor, Buch: »Geschichten zur Bibel Band 3«, Kindergesangbuch

Begrüßung, Lied: »Abraham, verlass dein Land« (Kindergesangbuch Nr. 160)
Anschluss an die vorangegangene Stunde

Hinführung

Sternenhimmel-Meditation:
Der Raum wird verdunkelt, die Kinder legen sich auf den Rücken.
Wenn man ein (mit einer Bleistiftspitze) durchlöchertes großes Papier auf den Overheadprojektor legt und den Spiegel ganz nach oben richtet (OHP schräg stellen), entsteht an der Zimmerdecke ein wunderschöner Sternenhimmel!
Dazu leise meditative Musik

Erarbeitung/ Gestaltung

Während die Kinder den Sternenhimmel betrachten, erzählt L die (kurze) Geschichte (Geschichten zur Bibel S. 25 unten bis S. 26 Mitte):
Gott segnet Abraham unter dem Sternenhimmel und verspricht ihm zahl-reiche Nachkommen.

Schü gestalten Sternenhimmel:
L zeigt es im Sitzkreis:
Die gelbe Wasserfarbe wird mit etwas Deckweiß gemischt, Sterne auf das blaue Tonpapier tupfen oder malen. Lasse unten auf dem Blatt etwas Platz!

Sicherung

Während die Sternenhimmel trocknen, Gespräch:
Bestimmt hast du schon mal den Sternenhimmel angeschaut. Die Sterne kann man nicht zählen! Es sind so viele!
Das ist ein großes Versprechen, das Abraham bekommt. Und dabei hat er noch nicht ein einziges Kind!
Schü.äußerungen
Nun Hefteintrag fertigstellen, schreiben mit gelbem Buntstift:
Text: Gott segnet Abraham
Unten auf das Bild mit Buntstiften Abraham malen.

Schluss

Passendes Gebet
Verabschiedung

8. Stunde: Isaak wird geboren

LZ: 1.6.2. Gott macht sein Versprechen wahr: Isaak wird geboren; Abrahams Vertrauen in eine verheißungsvolle Zukunft wird weiter gestärkt
QV: KR (3. Klasse) 3.1.2.

Material

Geburtsanzeigen, verschiedenfarbiges Tonpapier DIN-A5, Babyfoto kopiert (M 35), Buch: »Geschichten zur Bibel, Band 3«, Kindergesangbuch

Begrüßung, Lied: »Abraham, verlass dein Land« (Kindergesangbuch Nr. 160)

Hinführung

L zeigt einige Geburtsanzeigen,
Gespräch:
Überall steht: Wir freuen uns über die Geburt von ...
Die Eltern freuen sich so sehr, wenn ein Kind geboren wird!

Erarbeitung

L.erzählung und Gespräch:
S. 30: Abraham sitzt beim Eingang seines Zeltes ... bis
S. 32 oben: ... Wir haben noch einen weiten Weg vor uns.
(Ohne Sodom!)
Dazu erzählen:
Ein Jahr später wird Isaak geboren, Abraham und Sara freuen sich sehr!
Hier endet die Geschichte von Abraham.
Gespräch:
So hat Gott sein Versprechen gehalten.
Abrahams Vertrauen hat sich gelohnt!

Sicherung/ Gestaltung

Als Hefteintrag wird eine Geburtsanzeige aus Tonpapier mit einem Babyfoto gestaltet (siehe Skizze und Foto-Kopiervorlage):
Text: Wir freuen uns über die Geburt von Isaak – Abraham und Sara
Abschließendes Gespräch im Sitzkreis.

Schluss

Passendes Gebet
Verabschiedung

9. Stunde: Frau Bogdahn erzählt von ihrer Oma

LZ: 1.6.3. Abraham – eine Glaubensgestalt für uns
Nachspüren, was es bedeutet, wie Abraham auf Gott zu vertrauen
QV: KR (3. Klasse) 3.1.2.

Material

Foto von der Person der Geschichte, Kindergesangbuch

Begrüßung, L: Heute passt dieses Lied wieder sehr gut:
Lied: »Gottes Liebe ist so wunderbar« (Kindergesangbuch Nr. 146)

Hinführung

L zeigt Foto: Das war meine Oma, von der möchte ich dir heute erzählen:

Erarbeitung

Erzählung und Gespräch:
Was war für Abraham das Wichtigste in seinem Leben?
Er hat an Gott geglaubt und ihm vertraut.
Auch als er fort zog und gar nicht wusste, wohin.
Auch als er sich von Lot trennte und das schlechtere Weideland wählte.
Auch als er so lange keinen Sohn und keine Tochter hatte.
Das war bei meiner Oma genauso:
Sie hat viel erlebt, und schlimme Dinge erlebt, aber sie hat immer trotzdem gewusst, dass Gott bei ihr ist und sie beschützt
L erzählt aus dem Lebensbericht ihrer Oma:
1900 geboren, frohe Kindheit auf dem Bauernhof; einmal war die Mutter schwer krank, aber sie wurde gesund; kurz vor der Konfirmation brach der erste Weltkrieg aus; ein Bruder starb als Soldat. Meine Oma lernte ihren späteren Mann kennen, heiratete aber erst viel später; von den sieben Kindern sterben zwei. Im zweiten Weltkrieg musste sie im Winter mit vier kleinen Kindern die Flucht antreten. Ihr Mann kam aus der Gefangenschaft zurück, kam aber ein Jahr später bei einem Autounfall ums Leben. Doch sie schlug sich durch und gab nicht auf. Viele Jahre später – sie hatte 21 Enkel und 4 Urenkel – starb sie, 93 Jahre alt ...
Gespräch:
Magst du von deiner Oma, deinem Opa erzählen?
Der Glaube an Gott hat meiner Oma geholfen, schlimme Zeiten durchzustehen. Auch wir können auf Gott vertrauen!

Sicherung

Schon während der Erzählung malen die Schü ein passendes Bild ins Heft.
Text: Herr/Frau *(Name der Lehrkraft)* erzählt von *(z.B. von seinem/ihrem Opa/Oma ...): Sie (er) vertraute auf Gott, auch in schlimmen Zeiten.*

Schluss

Gebet, das den Gedanken der Stunde aufgreift, Verabschiedung

Anmerkung: Idealerweise erzählt jeder L individuell von einer nahe stehenden Person, dadurch wird die Aussage glaubhaft. Es sollte ein »Mensch wie du und ich« sein, keine berühmte Glaubensgestalt oder ausgedachte Figur.

Weiterführung: Am Ende der Sequenz kann ein Schulgottesdienst stehen (siehe S. 88). Der Lehrplan schlägt eine Willkommensfeier für künftige Erstklässler vor.

8. THEMENBEREICH:
Kinder aus aller Welt achten

Lernziele

1.8. Kinder aus aller Welt achten
1.8.1. Kinder aus anderen Ländern
1.8.2. Jesus und die Kinder
1.8.3. Von Jesus lernen

QV: PL 1/2.3., KR 1.4., Eth 1/2.2., HSU 1.4.

*Stoffverteilungs-
plan für Juni*

1. Kinder aus anderen Ländern Aufmerksam werden auf Lebensbedingungen von Kindern aus anderen Ländern	1.8.1.
2. Jesus und die Kinder Mk 10,13–16: Jesus segnet die Kinder	1.8.2.
3. Alle Kinder dieser Erde Handabdrücke Angenommen werden ist schöner als ausgestoßen sein	1.8.3.
4. Komm, spiel mit mir! Spiele aus fremden Ländern kennen lernen HSU 1.3.1., SpE 1.4.3., WTG 1.5.	1.8.1.
5. Die goldene Regel Gestalten auf Goldpapier	1.8.3.

1. Stunde: Kinder aus anderen Ländern

LZ: 1.8.1. Kinder aus anderen Ländern
QV: PL 1/2.3., KR 1.4., Eth 1/2.2., HSU 1.4.,

Material	Vorlesebuch Religion 2, Kindergesangbuch
	Begrüßung
Hinführung	*Lied lernen und singen: »Alle Kinder dieser Erde« (Kindergesangbuch Nr. 126)* Das Lied passt gut zum nächsten Thema: Kinder aus anderen Ländern
Erarbeitung	Hört die Geschichte von Rosanna! *L.erzählung aus dem Vorlesebuch Religion, S. 97* *Schü.äußerungen* *Gespräch:* Auch in eure Klasse gehen ausländische Kinder. Können sie gut Deutsch sprechen? Fühlen sie sich vielleicht auch manchmal wie Rosanna? Wenn du im Urlaub bist, sprechen die Leute eine andere Sprache, aber: Da bist du nicht allein. Und die Großen können oft alle Englisch. *Kurzes Rollenspiel:* *L spricht Englisch (oder andere Sprache) mit den Kindern, gibt Anweisungen, die sie natürlich nicht befolgen können.* Versucht euch mal vorzustellen, wie sich die ausländischen Kinder fühlen. Das ist nicht einfach! Übrigens kann man sich oft verständigen, ohne etwas zu sagen. *L legt den Finger auf den Mund – Schü:* Leise sein! *L winkt – Schü:* Wir sollen mitkommen. L: Ein Kind soll jetzt den anderen Kindern zeigen, was ihr machen sollt. *L flüstert einem Kind ins Ohr, das Kind macht es vor, die anderen machen es nach:* Holt eure Religionshefte! Nimm einen Bleistift! Du brauchst deine Schere … Ihr könnt ausländischen Kindern helfen, wenn ihr ihnen zeigt, was zu tun ist!
Sicherung	*Schü gestalten Hefteintrag:* Überschrift: Deutsche Sprache – schwere Sprache! *L. erläutert:* Das ist so ein Spruch, der von manchen als Beleidigung verwendet wird, wenn jemand nicht gut Deutsch spricht; aber davon abgesehen ist es wirklich wahr! *Schü malen ein passendes Bild ins Heft*
Schluss	*Wer Zeit und Lust hat, könnte ein Wörterspiel machen zur Verdeutlichung, dass die deutsche Sprache wirklich eine schwere Sprache ist:* Sage schnell die Ich-Form und die Er-Form von diesen Wörtern! *(Beispiel:* fragen – ich frage – er fragt) Vollends schwierig wird es mit Vergangenheitsformen! *Wörter: z. B.* sagen, passen, lassen, fassen, sitzen, nehmen, fangen, lesen, schreiben, kennen, können … *Passendes Gebet, Verabschiedung*

2. Stunde: Jesus und die Kinder

LZ: 1.8.2. Jesus und die Kinder Mk 10,13–16
QV: KR 1.4.

Material
Großes Papier, Malpapier, Jesus-Bild (M 36), Laubi-Kinderbibel, Kindergesangbuch

Begrüßung, Lied: »Alle Kinder dieser Erde« (Kindergesangbuch Nr. 126)

Hinführung
L: Was meine ich jetzt? *Macht abweisende Handbewegung.*
Schü: Weg da!
L macht einladende Handbewegung
Schü: Komm!
Anknüpfen an die Geschichte vom letzten Mal und an die Levi-Geschichte!
Rosanna wird abgelehnt.

Erarbeitung
Das ist in der Geschichte heute am Anfang auch so:
Freie L.erzählung nach Mk 10,13–16, angelehnt an die Laubi-Kinderbibel:
Jesus ist viel unterwegs, zu Fuß, er wird begleitet von seinen Jüngern. Er kommt in viele Orte, um den Menschen von Gott zu erzählen. Viele Menschen haben schon von ihm gehört und kommen, um ihn zu sehen. An diesem Tag ist Jesus gerade in einem Dorf angekommen. Er ist weit gegangen und ruht sich ein bisschen aus, da kommen viele Eltern mit ihren Kindern. Sie möchten, dass Jesus ihre Kinder segnet. – *Kurz im Gespräch wiederholen:* Was ist ein Segen? Z.B. am Ende des Gottesdienstes spricht der Pfarrer den Segen: Er gibt uns Gottes Schutz.
Die Jünger wollen die Kinder wegscheuchen (*abweisende Handbewegung*), damit Jesus seine Ruhe hat. Doch Jesus sagt: Lasst die Kinder zu mir kommen! (*einladende Handbewegung*) und ruft die Kinder zu sich: Kommt zu mir! Er umarmt sie und segnet sie.
Gespräch
Es ist nicht schön, abgelehnt zu werden.
Es ist schön, wenn jemand sagt: Komm her!
Das kommt in beiden Geschichten vor.

Sicherung
Gestalten eines Gemeinschaftsbildes:
Großes Jesus-Bild in die Mitte, jedes Kind malt sich selbst, schneidet die Figur aus und klebt sie dazu.
Überschrift: Jesus sagt: Kommt zu mir!

Schluss
Betrachten des fertigen Bildes; passendes Gebet
Verabschiedung

Anmerkung: Das Bild ist mir eigentlich zu »romantisch«, aber es passt so gut!

3. Stunde: Alle Kinder dieser Erde

LZ: 1.8.3. Von Jesus lernen
Wo Menschen einander annehmen, können sie dies als Bereicherung im Zusammenleben erfahren
QV: PL 1/2.3., KR 1.4.3., Eth 1/2.2.

Material

Arbeitsblatt (M 37), Wasserfarben, Kindergesangbuch, ein Handabdruck auf einem Blatt Papier

Begrüßung, Lied: »Alle Kinder dieser Erde« (Kindergesangbuch Nr. 126)

Hinführung

L zeigt einen Handabdruck und liest Gedicht vor (M 37)
Schü.äußerungen
Wer hat nun diesen Handabdruck gemacht? Kann man das sehen?

Erarbeitung

Gespräch:
Was haben alle Menschen: Hände, Beine, Augen …
Alle denken und fühlen, lachen und weinen …
Was sind die Unterschiede? Hautfarbe, Haarfarbe …
Es ist viel mehr gleich!
Vor allem: Alle sind gleich wichtig!
Das haben wir schon einmal besprochen, erinnert ihr euch?
Deshalb hat eigentlich kein Mensch auf der Welt das Recht, zu sagen: Du bist weniger wert als ich, also hau ab *(wieder: ablehnende Handbewegung)*.
Du musst nicht jeden mögen, aber du musst wenigstens jeden in Ruhe lassen!
Gespräch

Sicherung

Gestalten eines Hefteintrages, passend zum Gedicht:
Schü erhalten das Arbeitsblatt und machen mit Wasserfarben selbst einen Handabdruck in die Mitte. L zeigt, wie es geht: Rühre die Farbe an, streiche zügig deine linke Hand mit Farbe ein und drücke einmal kräftig in die Mitte vom Papier! *(Dann schnell Hände waschen, ohne etwas anzufassen!)*
Klebe das Arbeitsblatt ins Heft, wenn es trocken ist; das dauert nicht lang. Wenn du möchtest, kannst du die anderen Hände auf dem Blatt ausmalen!

Schluss

Unser Lied passt besonders gut, lasst es uns noch einmal singen!
Lied singen, passendes Gebet,
Verabschiedung

Alternative: Ein Abdruck des Gedichts und ausgeschnittene Handabdrücke können auch zu einem Gemeinschaftsbild zusammengestellt werden.

4. Stunde: Komm, spiel mit mir!

LZ: 1.8.1. Kinder aus anderen Ländern
QV: PL 1/2.3., KR 1.4.3., Eth 1/2.2., HSU 1.3.1. Spiele aus verschiedenen Ländern spielen, SpE 1.4.3. Miteinander spielen, WTG 1.5. Interkulturelle Begegnungen; Spielzeug aus einem anderen Land

Material

Kegel, Bälle, Gegenstände für das Ratespiel, Spielanleitung (M 38), evtl. Musik, evtl. Essen, Kindergesangbuch

Begrüßung aller Kinder, Lied: »Alle Kinder dieser Erde« (Kindergesangbuch Nr. 126)

Hinführung

Heute sind wir alle beieinander, um gemeinsam zu spielen.
Wir haben in den letzten Stunden gehört, dass es schöner ist zu sagen: »Komm!« als jemanden abzulehnen, wegzustoßen oder auszulachen.
Deswegen heißt es heute: Komm, spiel mit mir! Spielt ihr mit mir? Kommt!

Erarbeitung/
Ideen für
ein Spielfest

Die Spiele, die ich euch vorstellen möchte, kommen aus Afrika.
Für das erste Spiel brauchen wir ziemlich viel Platz im Sitzkreis.
Es heißt: Löwe und Leopard (siehe M 38).
Dann folgt ein ruhigeres Spiel: Die Krähe krächzt (siehe M 38).
Wenn genug Platz ist, spielen wir Nsikwi (siehe M 38).
Nun wäre Musik aus anderen Ländern schön, die ein Kind mitgebracht hat. Vielleicht gibt es sogar einen einfachen Tanz dazu? Bestimmt steuern die Eltern eine Kleinigkeit zu essen bei, eine Spezialität aus der Türkei oder Italien ... Gegebenenfalls Spielzeug aus anderen Ländern betrachten, damit spielen; (Querverbindung WTG 1.5. Projektidee: Fadenspiele aus aller Welt)
Nach vorheriger Absprache könnte auch ein Kind ein Spiel aus seiner Heimat vorstellen, das dann alle gemeinsam spielen.
Die blinde Krähe (siehe M 38) ist noch ein Bewegungsspiel zum Schluss.

Sicherung/Schluss

Gespräch, Schü.äußerungen. Was hat dir am besten gefallen?
Gemeinsam spielen ist besser als Streit und Hass.
Das sollten sich auch die Erwachsenen hinter die Ohren schreiben ...
Verabschiedung

Anmerkung: Diese Stunde wäre geeignet und ideal, um die katholischen und die Ethik-Kinder einzuladen und gemeinsam zu spielen!

Mögliche Weiterführung in der nächsten Stunde:
Die Geschichte vom Viertelland (Vorlesebuch Religion 3, S. 223) passt sehr gut und lässt sich ansprechend gestalten oder: In der nächsten Stunde vom Spielfest erzählen lassen und passendes Bild malen.

Alternative: Ein »Türkei-Tag« oder ähnliches: Ein Land in den Mittelpunkt stellen.

5. Stunde: Die goldene Regel

LZ: 1.8.3. Von Jesus lernen
QV: PL 1/2.3., KR 1.4.3., Eth 1/2.2.

Material

Goldpapier zugeschnitten (ca. 20 x 20 cm), Kindergesangbuch

Begrüßung, Lied: »Alle Kinder dieser Erde« (Kindergesangbuch Nr. 126)

Hinführung

Erzähle vom Fest!
Schü.äußerungen

Erarbeitung

Gespräch
Es hat euch Spaß gemacht, ihr habt euch wohl gefühlt.
Warum können nicht alle Menschen immer miteinander Spaß haben?
Gerade zwischen deutschen Kindern und ausländischen Kindern gibt es
manchmal Streit, auch Jugendliche, manche Erwachsene schimpfen auf
Ausländer …
Was sagst du dazu?
Was würde Jesus dazu sagen?
Wie die Menschen miteinander umgehen sollen, das hat Jesus gesagt.
Das ist die goldene Regel! Sie geht so:
Behandle die anderen so, wie du behandelt werden willst!
Du willst, dass die anderen nett zu dir sind? Dann sei du nett zu ihnen!
Du willst, dass deine Freundin/ dein Freund dir hilft? Dann hilf du!
Du willst, dass dir dein/e Partner/in den Kleber leiht, wenn du deinen
vergessen hast? Dann leihe auch deine Sachen her.
Und willst du geliehene Sachen wieder zurück bekommen, ohne dass sie
kaputt sind? Dann passe auch du auf, wenn du etwas geliehen hast und
gib es wieder her.
Weitere Beispiele gemeinsam finden.

Sicherung/ Gestaltung

Wir schreiben die goldene Regel auf. Und wie? Natürlich auf Goldpapier!
L zeigt es: Vorsichtig mit Bleistift schreiben, evtl. Schmuckrand dazu.
Dann das Goldpapier einkleben und die Überschrift schreiben:
Die goldene Regel
Wer fertig ist, kann etwas dazu malen.
Schü gestalten Hefteintrag, schreiben die goldene Regel auf Goldpapier.

Schluss

Passendes Gebet: Wenn alle Menschen nur die goldene Regel beachten
würden, gäbe es keinen Krieg und keinen schlimmen Streit.
Wir bitten um die Kraft, die goldene Regel zu beachten!
Verabschiedung

9. THEMENBEREICH:
In der Kirche feiern

Lernziele

1.7.   In der Kirche feiern
1.7.1. Der Kirchenraum
1.7.2. Der Gottesdienst

Querverbindung KR 1.1.2.

Stoffverteilungs-
plan für Juli

1. Unsere Kirche   1.7.1.

2. Unterrichtsgang zur Kirche   1.7.1.
   Wir lernen Mitarbeiter und alle Räume kennen.
   Was wird für Kinder und Familien in
   der Gemeinde angeboten?

3. Der Gottesdienst   1.7.2.
   Erzähle von einem Gottesdienst!
   Warum feiern Menschen Gottesdienst?
   Was gehört zum Gottesdienst?

4. Beruf: Pfarrer/in   1.7.2.
   Die Pfarrerin/der Pfarrer hält den Gottes-
   dienst – und sonst?

5. Kirche: Viele helfen mit!   1.7.
   Hauptamtliche und ehrenamtliche Mitarbeiter/
   innen kennen lernen

6. Wir bereiten den Schulgottesdienst vor   1.6.
   »Auf dem Weg mit Gottes Segen«; anknüpfen
   an die Abrahamsgeschichte
   QV: D 1/2.1.3., MuE 1.1.1., 1.4.2.

Hinweis:
Der Unterrichtsgang zur Kirche muss rechtzeitig geplant
und vorbereitet werden. Dazu gehören:
Terminabsprache mit dem Pfarramt,
Anmeldung im Sekretariat der Schule und
Elternbrief mit Antwortabschnitt (M 40).

1. Stunde: Unsere Kirche

LZ: 1.7.1. Der Kirchenraum

Material

Fotos der örtlichen Kirche von innen und außen, Kopien davon, Arbeitsblatt (M 39), Folie davon, Tageslichtprojektor, Evangelisches Gesangbuch, Wortkarten, Elternbrief (M 40)

Begrüßung, Lied lernen und singen:
»Herr, gib uns Mut zum Hören« (EG 588, 1. und 3. Strophe)

Hinführung

L zeigt Bilder der örtlichen Kirche.
Das ist die ...-Kirche, in der ...-Straße ...

Erarbeitung

Unterrichtsgespräch:
Wir gehören zur ...-Kirche, sie ist evangelisch. Kennst du sie?
Die katholische Kirche ist ... .
Ausblick: Über den Unterschied zwischen evangelischer und katholischer Kirche werden wir in der 4. Klasse sprechen.
Was gehört alles zur Kirche?
Fotos betrachten und sammeln:
Altar, Taufstein, Kanzel, Glocke, Orgel;
Diese Begriffe werden auf Wortkarten geschrieben.
Kurze Gruppenarbeit:
Wozu braucht man das? Überlegt gemeinsam!
Im Gespräch werden die Ergebnisse zusammengetragen:
Der Altar ist das Wichtigste, dort steht der Pfarrer, dort liegt die Bibel. Er ist mit Kerzen geschmückt. Von der Kanzel aus predigt die Pfarrerin/der Pfarrer. Über dem Taufstein wird getauft. Mit der Orgel wird Musik gemacht. Die Glocken läuten, wenn der Gottesdienst beginnt und endet ...

Sicherung

Gestalten eines Hefteintrages
Das Arbeitsblatt wird gemeinsam ausgefüllt (L schreibt an der Folie) und anschließend ins Heft geklebt. Die Bilder der Kirche dazu kleben.

Schluss

Ausblick: Beim nächsten Mal besuchen wir die ...-Kirche.
Pfarrer/in ... wird uns alles zeigen. Was könnten wir fragen?
Schü.äußerungen;
Gespräch auch über angemessenes Verhalten in der Kirche.
Gebet, Verabschiedung

Anmerkung: Für den Unterrichtsgang rechtzeitig einen Elternbrief austeilen!
Das Lied »Herr, gib uns Mut zum Hören« ist im Lehrplan mit einem »M«(Memorierstoff) gekennzeichnet; am Ende der Sequenz sollten die Kinder es auswendig können.
»Der Gottesdienst soll fröhlich sein« (Kindergesangbuch Nr. 187) passt auch gut.

2. Stunde: Wir gehen zur ...-Kirche

LZ: 1.7.1. Der Kirchenraum
QV: D 1/2.1.2.

Material

Gegebenenfalls Fahrkarten, Block und Bleistift

Ablauf

*Für den Unterrichtsgang wird eine Doppelstunde benötigt,
ca. 40 Minuten reichen für den Rundgang in der Kirche.*

*Tipp: Die Kinder stellen sich paarweise an und bekommen Nummern mit
Kugelschreiber auf die Hand geschrieben; so gibt es kein Gedrängel, sie
sind schnell abgezählt und man kann problemlos einteilen (»Paar Nummer 1,2,3 gehen als erstes mit dem Pfarrer die Treppe hoch ...«)*

*Dort angekommen, werden die Kinder von der Pfarrerin/dem Pfarrer be-
grüßt und werden durch alle Räume geführt: Büro, Gruppenräume,
natürlich Kirchenraum. (Weißt du noch, was wir besprochen haben? Hier
bist du leise!)*
*Dort finden wir alle Dinge, die wir in der letzten Stunde durchgenommen
haben.*
*Ein Gang auf den Dachboden oder den Glockenturm darf nicht fehlen!
Besonders hinweisen auf die Räume, wo Kindergruppenstunden stattfin-
den.*

*Die Pfarrerin/der Pfarrer wird interviewt: (evtl. Kinder Stichpunkte auf
den Block aufschreiben lassen; eigentlich ist das allerdings für die erste
Klasse zu schwierig)*
Fragen: Was sind die Aufgaben einer Pfarrerin/eines Pfarrers?
Was haben Sie in dieser Woche gemacht?
Wer arbeitet in der Kirche mit?

*Gut wäre es, wenn die Kinder einen Gemeindebrief mitnehmen könnten;
sie werden auf den nächsten Familiengottesdienst aufmerksam gemacht.*
Geht ein Kind der Klasse in den Kinderchor, in die Gruppenstunde, in
den Kindergottesdienst? Erzähle! Zeige, wo das stattfindet ...
Ihr seid herzlich eingeladen!
Verabschiedung, evtl. ein Lied singen,
Rückweg

*Hinweise: Unterrichtsgänge im Sekretariat der Schule eine Woche vorher
anmelden!*
*Organisatorisch wird sich der Unterrichtsgang wahrscheinlich nicht an-
ders einrichten lassen als in einer 5./6. Stunde. Doch da sind die Erstklässler schon recht müde und unkonzentriert. Daher ist es wichtig, eine ganz
kurze Ess- und Toilettenpause zu machen, wenn man mit der Klasse an
der Kirche ankommt. Der Rundgang sollte zügig gemacht werden, Erklärungen und Informationen auf das Wesentliche beschränken, damit die
Kinder nicht unruhig werden. Eine Mutter/einen Vater als Begleitschutz
mitnehmen, damit man im Notfall nicht allein da steht.*

3. Stunde: Der Gottesdienst

LZ: 1.7.2. Der Gottesdienst
Erfahren, was Menschen dabei wichtig ist
Sie hören von Gott; sie bitten, loben und danken Gott
QV: KR 1.1.2.

Material

Evangelisches Gesangbuch

Begrüßung, Lied : »Herr, gib uns Mut zum Hören« (EG 588)

Hinführung

Erzähle von unserem Ausflug zur ...-Kirche!
Was hat dir am besten gefallen?
Was wird dort und in jeder Kirche gemacht?
Es wird am Sonntag Gottesdienst gefeiert!

Erarbeitung

Unterrichtsgespräch
Erzähle von einem Gottesdienst!
Hast du schon eine Hochzeit, Taufe miterlebt?
Vielleicht von einer katholischen Freund/in eine Kommunion oder die Konfirmation von der großen Schwester ...?
Ihr wart doch alle beim Schulgottesdienst an Ostern und Weihnachten dabei:
Was gehört zum Gottesdienst dazu?
Beten, singen, Fürbitten, Vaterunser, Abendmahl ..., eine Ansprache/Predigt: darin wird etwas von Jesus erzählt oder von Gott erklärt.
Es ist schön, gemeinsam zu feiern, nachzudenken, oder auch, bei einer Beerdigung, gemeinsam zu trauern und sich zu trösten. Bei einer Hochzeit wird im Gottesdienst das Versprechen, zusammen zu bleiben, feierlich bekräftigt. Die Taufe ist das Zeichen, dass das Kind in die Gemeinschaft der Christen aufgenommen wird. Auch das ist ein Grund, gemeinsam zu feiern.
Beim Gottesdienst, in der Gemeinschaft, spüren wir, dass Gott uns nahe ist.
Im Kindergottesdienst wird auch gebastelt, gemalt, gesungen.

Sicherung

Schü gestalten Hefteintrag:
Es könnte ein Bild vom Unterrichtsgang in die Stephanuskirche gemalt werden;
oder die Kinder malen ein Bild von einem Gottesdienst, den sie miterlebt haben
oder die Kinder schreiben nur die Überschrift: »Wir feiern Gottesdienst« und kleben später den Liederzettel des Schulgottesdienstes dazu.

Schluss

Gebet
Verabschiedung

Anmerkung: Auch diese Stunde wird verschieden ausfallen je nach den Voraussetzungen, die die Kinder mitbringen. In meiner Klasse gehen sehr wenige Kinder in den Gottesdienst.

4. Stunde: Beruf: Pfarrer/in

LZ: 1.7.2. Der Gottesdienst

Material

Bild von Pfarrer/in, Karten mit Tätigkeiten des Pfarrers (M 41), Evangelisches Gesangbuch

Begrüßung, Lied: »Herr, gib uns Mut zum Hören« (EG Nr. 588)

Hinführung

Bild Pfarrer/in zeigen
Die Pfarrerin/ den Pfarrer der …-Kirche habt ihr kennen gelernt,
sie/er hat euch erzählt, was sie/er alles macht:
Schü wiederholen

Erarbeitung

Auf diesen Karten steht, was ein/e Pfarrer/in arbeitet.
Jedes Kind bekommt eine Karte. Nun versucht (*in 2–3 Gruppen*), zu sortieren: Was findet ihr wichtig? Womit, meint ihr, verbringt der Pfarrer die meiste Zeit? Wenn ihr etwas gleich wichtig findet, gibt es mehrere erste Plätze.
Schü lesen sich die Karten vor und besprechen in Gruppen.
Im gemeinsamen Gespräch wird zusammengefasst:
Der Beruf der Pfarrerin/des Pfarrers ist sehr abwechslungsreich, vor allem hat er/sie sehr viel mit Menschen zu tun. Wer große Sorgen hat oder in Not ist, kann zu ihr/ihm gehen! Im Gottesdienst erzählt sie/er von Jesus und erklärt die Bibel.
Kurz gemeinsam feststellen, wie ein/e evangelische/r Pfarrer/in aussieht:
Im Gottesdienst trägt sie/er den schwarzen Talar, dazu gehört das weiße Beffchen.

Sicherung

Male ins Heft eine/n Pfarrer/in!
Text: Beruf: Pfarrer/in
Sie kümmern sich um die Menschen in der Gemeinde,
sie halten Gottesdienste, u.v.m.
(Anmerkung: Ein Ausflug in die Allgemeinbildung ist die Erklärung dieser Abkürzung!)
Schü gestalten Hefteintrag

Schluss

Passendes Gebet, Verabschiedung

Anmerkung/Alternative: Die Gefahr dieser Stunde ist, dass sie zu viele, oft für die Kinder wenig konkrete Informationen beinhaltet. Es ist relativ viel zu lesen, es sind schwierige Wörter. Es wäre möglich, diesen Teil zu straffen, indem man sich auf die Wiederholung beschränkt: Was macht die Pfarrerin/der Pfarrer? Was hat sie/er erzählt? Dann legt man den Schwerpunkt auf die Zusammenfassung. Dabei betonen, dass die Pfarrerin/der Pfarrer als Ansprechpartner/in zur Verfügung steht!

Im alten Religionsbuch Wegzeichen 4 ist auf Seite 99 der Tagesablauf eines Pfarrers beschrieben. Das Bild der Mitarbeiterinnen und Mitarbeiter auf S. 98 ist sehr gut für die folgende Unterrichtsstunde brauchbar.

5. Stunde: Kirche: Viele helfen mit

LZ: 1.7. In der Kirche feiern

Material
karierters Papier und Folie in Din A4, Arbeitsblatt (nur der Ausschnitt mit dem Text siehe M 42), Folie davon, Tageslichtprojektor, Lineal, Wortkarten, Evangelisches Gesangbuch

Begrüßung, Lied : »Herr, gib uns Mut zum Hören« (EG Nr. 588)

Hinführung
Anschluss an die vorige Stunde: Du hast die Arbeit der/des Pfarrerin/s kennen gelernt. Es gibt aber noch viel mehr Menschen, die in der Kirche mitarbeiten.
Schü wiederholen, was sie vom Ausflug wissen.

Erarbeitung
Es liegen Karten im Kreis, auf denen die Mitarbeiter/innen aufgeschrieben sind.
Weißt du, was sie tun?
Dann nimm dir die Karte und erkläre es!
Unterrichtsgespräch:
Organist/in: Sie/er macht Musik.
Mesner/in: Sie/er arbeitet als Hausmeister.
Gemeindeschwestern kümmern sich um alte und kranke Menschen, Zivildienstleistende (Zivis) helfen ihnen dabei.
Die Sekretärin arbeitet im Büro.
Der Diakon ist vor allem für die jungen und älteren Menschen da.
Die Jugendleiter/innen leiten die Kindergruppen.
Die Kindergottesdiensthelfer/innen leiten den Kindergottesdienst.
Es sind noch viele mehr, ungefähr 50!
Die meisten arbeiten ehrenamtlich, das heißt, sie bekommen kein Geld.
Warum machen sie es dann? Sie wollen gern etwas sinnvolles tun!
Vielleicht ist das später einmal etwas für dich?
(Falls die Lehrkraft selbst in der Gemeinde ehrenamtlich tätig war oder ist, davon erzählen)

Sicherung
Ihr dürft eine Kirche zeichnen! Das geht auf kariertem Papier leichter *(L macht es an der karierten Folie vor): Siehe M 42! Hinweis: Die Kinder kennen die Maßeinheit »Zentimeter« noch nicht, also: Kästchen zählen!*
In die Kirche hinein klebt ihr das Arbeitsblatt, wer alles in der Kirche mitarbeitet.
Überschrift: In der Kirche: Viele arbeiten mit!
Schü gestalten Hefteintrag
Wer mag, kann weitermalen: Einen Himmel, eine Sonne, Menschen dazu …

Schluss
Schü zeigen ihre Kirchen;
Gebet, Verabschiedung

Anmerkung: Im alten Religionsbuch Wegzeichen 4 ist auf Seite 98 ein Bild mit allen Mitarbeiter/innen der Kirche samt Zubehör zu finden. Es lässt sich gut in diese Stunde einbauen. Fotos der örtlichen Mitarbeiter/innen wären ideal, aber aufwändig.

6. Stunde: Wir bereiten den Schulgottesdienst vor

LZ: 1.6. Auf Gott vertrauen
Anregungen zum fächerverbindenden Lernen: Einen Schulgottesdienst
zum Thema »Vertrauen« planen
QV: D 1/2.1.3., MuE 1.1.1., 1.4.2.

Material	Goldpapier und gelbes Papier, in verschieden große Quadrate zugeschnitten, großes blaues Tuch, Glockenspiele, Triangeln, Evangelisches Gesangbuch, Kindergesangbuch, Musik für Sternenhimmel-Meditation

Begrüßung, Lied: »Herr, gib uns Mut zum Hören« (EG Nr. 588)

Hinführung	Bald ist Schulgottesdienst; *Kurz wiederholen:* Was gehört zum Gottesdienst? Für diesen Schulgottesdienst brauche ich eure Hilfe!
Erarbeitung/ Gestaltung	*Lied:* »Abraham, verlass dein Land«, Kindergesangbuch Nr. 160 Könnt ihr noch das Lied? Singt ihr es dann in der Kirche besonders kräftig? Die anderen Kinder kennen es nicht. Was weißt du noch von Abraham? *Schü erzählen:* Abraham hatte Vertrauen zu Gott, obwohl er nicht wusste, wohin der Weg führt. Was war Gottes Versprechen? So viele Nachkommen wie Sterne am Himmel! *L zeigt blauen Stoff:* Das ist der Himmel! Schü: Die Sterne fehlen! L: Helft ihr mir, Sterne zu basteln? Schü: Gerne! *L erklärt und zeigt, wie die Sterne gebastelt werden* *Schü basteln Sterne, die L mit Stecknadeln oder Sicherheitsnadeln am Tuch befestigt. Über einen Kartenständer mit großer Landkarte wird der Sternenhimmel gehängt. Anschließend: Schü sitzen im Sitzkreis und bewundern den Sternenhimmel.* *L erzählt Geschichte vom Sternenhimmel.* *Wenn Abraham den Sternenhimmel betrachtet, wird leise ruhige Musik eingeblendet. Dazu spielen die Schü auf den Glockenspielen und Triangeln: Vereinzelt werden Töne angeschlagen.* L: So möchte ich mit euch die Geschichte auch im Gottesdienst erzählen!
(Sicherung)	*Evtl. werden noch weitere Lieder für den Gottesdienst geprobt.*
Schluss	*Gebet* *Verabschiedung*

Ökumenischer Schulgottesdienst

Thema: Abraham – Auf dem Weg mit Gottes Segen

Lied	»Ich lobe meinen Gott, der aus der Tiefe mich holt« (Kindergesangbuch Nr. 112)
Begrüßung und Gebet	
Lied	»Abraham, verlass dein Land!« (Kindergesangbuch Nr. 160)
Hinführung zum Thema	*Anfang der Abrahamsgeschichte erzählen:* Abraham bricht auf in eine ungewisse Zukunft
Spielszene	Kinder treffen sich; sie haben den letzten Tag der 4. Klasse hinter sich. Sie werden in verschiedene Schulen gehen, ihre Wege trennen sich. Ein Mädchen zieht in den Ferien um. Alle wissen nicht genau, was auf sie zukommt. Sie freuen sich zwar, doch sie sind auch unsicher und haben Zweifel, ob es so schön bleibt. Schließlich verabschieden sie sich und gehen in verschiedene Richtungen auseinander. *(Vorbereitet von einer 4. Klasse)*
Lied	»Bewahre uns, Gott« (Kindergesangbuch Nr. 213)
Biblische Erzählung, Evangelium	*Die Geschichte von Abraham wird gekürzt weitererzählt:* Er zieht fort, trennt sich von Lot. Er weiß nicht, wohin der Weg ihn führt. Eines Nachts hört er Gottes Stimme. Unter dem Sternenhimmel segnet Gott Abraham. *Untermalung mit Glockenspielen, Triangeln zu Musik* *(Vorbereitet von der 1. Klasse)*
Lied	»Gottes Wort ist wie Licht in der Nacht« (Kindergesangbuch Nr. 149)
Ansprache	Abraham vertraut, dass die ungewisse Zukunft mit Gottes Hilfe gut wird. Auch wir können auf Gott vertrauen. Gott ist immer bei uns. Er begleitet uns auf all unseren Wegen, auch wenn es uns einmal nicht gut geht.
Lied	»Der Himmel geht über allen auf« (EG 562)
Fürbitten	*(Vorbereitet von der 4. Klasse)*
Vaterunser	
Schlussgebet	
Verabschiedung	
Segen	
Lied	»Komm, Herr, segne uns« (EG 170)

MATERIALIEN

RELIGION 1. KLASSE

Anleitung zur Gestaltung
des Hefteintrages:

1.
Es muss eine <u>rechte</u>
Heftseite sein.
(d.h.: eine Seite auslassen)
Dort die halbe Figur aufkleben:

2.
Dann ausschneiden:
Die schraffierte Fläche wird
weggeschnitten.

3.
Nun die halbe Figur umklappen:
Die rechte Seitenkante wird
zur Heftmitte gefaltet.

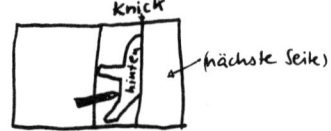

4.
Die ausgeschnittene halbe Figur
wird mit dem Bleistift umfahren.
So wird die zweite Hälfte auf die
linke Seitenhälfte übertragen.

5.
Jetzt die Seite wieder aufklappen.

Nun hat man eine ganze Figur vor
sich, die ausgemalt werden kann.

Auf der Rückseite dieses Eintrages
ist nicht viel Platz. Das ist bei der
3. Unterrichtsstunde berücksichtigt.

Die freigelassene zweite Heftseite
wird in der 4. Stunde benutzt.

**Das mag
ich gern**

**Das mag ich
nicht gern**

Das bin ich!

Mich gibt es nur einmal!

Jeder ist wichtig! Ich auch!

Die Geschichte vom Nilpferd

Tim will nicht mehr Tim sein

Ich kann fröhlich und traurig sein

Wir beten   danke   bitte

Sankt Martin teilt und hilft

Martin schenkt seine Laterne her

Wir teilen und helfen

Armen Kindern helfen

Eine Stunde Arbeit für ein Brot?

Das ist eine Geschichte, die ein Reporter berichtet hat. Hört, was er erzählt:

Mein Name ist Philipp Löhr, ich bin 35 Jahre alt und wohne in München. Ich bin verheiratet und habe zwei Kinder. Von Beruf bin ich Reporter einer großen Zeitschrift; ein interessanter Beruf, kann ich euch sagen, sehr aufregend und manchmal auch etwas gefährlich. Aber ich liebe ihn und möchte nichts anderes sein.

Am Sonntag war Erntedankfest. Wir waren mit den Kindern in der Kirche gewesen. Auf dem Heimweg von der Kirche sprachen wir darüber, wofür wir beim Erntedankfest danken: Wir haben genug zu essen. Aber viele Menschen auf der Welt leiden Hunger. Während ich weiter über den Hunger in der Welt nachdachte, kam mir plötzlich eine Idee, die ich in die Tat umsetzte.

Am Dienstag nach dem Erntedankfest musste ich geschäftlich nach Hamburg fahren. Nach der Erledigung meines Auftrages kaufte ich mir in einer Bäckerei ein braunes 3-Pfund-Brot. Es war frisch gebacken und noch etwas warm. Mit dem Brot im Arm stellte ich mich in eine belebte Straße der Innenstadt und fragte vorbeigehende Fußgänger:

Mein Herr, entschuldigen Sie bitte, dass ich Sie anspreche. Sind Sie bereit, eine Stunde für mich zu arbeiten? Als Lohn kann ich Ihnen nur dieses Brot hier anbieten.

1. Herr: Eine Stunde arbeiten für ein Brot? Das kostet keine 3 Euro! Haha! Wissen Sie, was ich in einer Stunde verdiene? Dafür kann ich mir sechs Brote und noch einiges mehr kaufen! Machen Sie sich nicht lächerlich, Mann! – mit einem Stundenlohn von einem Brot!

Reporter: Entschuldigen Sie, meine Dame. Sind Sie bereit, eine Stunde für mich zu arbeiten? Als Lohn kann ich Ihnen nur dieses Brot anbieten.

1. Frau: Sie haben wohl nicht alle Tassen im Schrank! Arbeiten für ein Brot, eine ganze Stunde lang, nee! Was Sie sich einbilden! (Im Weggehen) Sachen erlebt man heutzutage!

Reporter: Mein Herr, sind Sie bereit, für dieses Brot eine Stunde für mich zu arbeiten?

2. Herr: Was fordern Sie von mir? Arbeiten – für ein Brot? Mann, was fällt dir ein?

Eine zweite Frau vermutete, dass ein Preisausschreiben oder eine Werbeaktion dahintersteckte. Aber arbeiten wollte keiner für mich. Die Leute lachten mich aus und erklärten mich für verrückt. War das Brot für sie nichts wert?

(evtl. kurzes Gespräch: spontane Schü.äußerungen)

Kurze Zeit später flog ich in eine nordafrikanische Stadt. Die Leute verstehen dort fast alle Französisch. So hatte ich wenig Schwierigkeiten mit der Verständigung. Mit einem Maisbrot in der Hand begab ich mich auch dort in die von Menschen wimmelnde Innenstadt. Ich stellte ihnen die gleiche Frage: Wollen Sie für dieses Brot eine Stunde für mich arbeiten?

Im Nu umstanden mich mehrere Menschen:

1. Herr: Selbstverständlich, mein Herr, arbeite ich für Sie. Ein Brot! Wie werden sich meine Frau und meine Kinder freuen, wenn ich Ihnen ein ganzes Brot mitbringe!

2. Herr: Mein Herr! Geben Sie mir das Brot! Ich arbeite zwei Stunden dafür! Für meine vier Kinder ist seit zwei Tagen nichts mehr zum Essen im Haus!

3. Herr: Schauen Sie, mein Herr, ich habe zwei starke Hände. Ich arbeite drei Stunden für dieses Brot! Ich arbeite alles, was Sie von mir verlangen! Ich finde keine Arbeit! Meine Familie hungert seit Tagen! Meine Frau ist vor Hunger schon ganz schwach!

Noch mehr Menschen sammelten sich an. Etwa zehn Kinder standen dabei und boten mir ebenfalls an, für dieses Brot zu arbeiten. Den Erwachsenen gab ich Geld, und das mitgebrachte Brot zerschnitt ich und verteilte es unter die Kinder. Wie einen kostbaren Schatz nahmen sie ihr Stück in Empfang und aßen es auf. Sehr nachdenklich ging ich ins Hotel zurück.

aus: Missio aktuell für die Schule 2/1985. Rechte bei Missio aktuell, München

Die Geschichte vom Nilpferd

Es war einmal in einem Dschungel, da begegnete ein Nashorn einem Nilpferd. Das platschte lustig im Schlamm herum.

»Du siehst ja zum Lachen aus!«, sagte das Nashorn zu dem Nilpferd.

»Ich habe den Schlamm aber gern!«, antwortete das Nilpferd.

»Oh, es ist nicht der Schlamm, der dich so lächerlich macht«, sagte das Nashorn.

»Es ist deine Nase!« Das Nilpferd sah an seiner Nase herunter. »Was fehlt denn an meiner Nase?«, fragte es. »Siehst du nicht, dass da was fehlt?«, fragte das Nashorn.

Das Nilpferd schüttelte den Kopf. »Siehst du nicht, dass da ein Horn fehlt?«, fragte das Nashorn wieder. »Ein Horn?«, sagte das Nilpferd. »Ja, ein Horn.«, sagte das Nashorn. »Deine Nase hat kein Horn, und eine Nase ohne Horn sieht wirklich zum Lachen aus.«

Da kroch das Nilpferd aus dem Schlamm heraus und schaute noch einmal an seiner Nase herunter. Als es wieder aufsah, war das Nashorn verschwunden. »Wenn ich doch nur ein Horn wie das Nashorn hätte!«, dachte das Nilpferd, dann würde ich nicht mehr zum Lachen aussehen.

So fing die Geschichte mit dem Nilpferd an. Zuerst wurde so ein dummer Gedanke in seinen Kopf gesetzt, es konnte sich ärgern und aufregen, soviel es wollte, es wurde ihn nicht wieder los. Da dachte es: »Ich weiß, was ich tun werde. Ich werde jeden, der mir begegnet, fragen, ob er auch meine, dass ich zum Lachen aussehe.«

Das Nilpferd befragte viele Tiere. Und zu seinem Entsetzen fanden alle Befragten sein Aussehen lächerlich. Der Löwe bemängelte das Fehlen einer Mähne. Der Leopard vermisste das gefleckte Fell. Der Elefant wiederum hielt große Ohren für unbedingt nötig, der Affe den Schwanz und die Giraffe einen langen Hals.

Die Nachtigall schließlich kritisierte die Stimme des Nilpferdes, die nicht mit ihrer Nachtigallenstimme zu vergleichen sei.

Da versteckte sich das Nilpferd vor Scham an einem einsamen Platz und schlief ein.

Im Traum aber wurden alle seine Wünsche erfüllt. Es träumte, es hätte ein Horn wie das Nashorn, eine prächtige Mähne wie der Löwe, ein geflecktes Fell wie der Leopard, große Ohren wie der Elefant, einen Schwanz wie der Affe, einen langen Hals wie die Giraffe und eine liebliche Stimme wie die Nachtigall.

»Nun sehe ich nicht mehr zum Lachen aus!«, dachte das Nilpferd und zeigte sich allen Tieren. Doch die brüllten vor Lachen beim Anblick des veränderten Nilpferdes. In einer Pfütze erblickte es sein Spiegelbild. Es sah wirklich zum Lachen aus. Darüber erschrak es so sehr, dass es erwachte.

Nun war es froh und erleichtert, nur ein Nilpferd zu sein, ohne Mähne und große Ohren. Fröhlich ließ es sich in das nächste Schlammloch plumsen und von dem Tag bis heute ist es stolz darauf, so zu sein, wie es ist.

M 8

Wenn ich fröhlich bin

Wenn ich fröhlich bin, dann klatsch' ich in die Hände – klatsch klatsch
Wenn ich fröhlich bin, dann klatsch' ich in die Hände – klatsch klatsch

Refrain: Ja, ich kann es allen zeigen, muss Gefühle nicht verschweigen,
        wenn ich fröhlich bin, dann klatsch ich in die Hände!

Wenn ich wütend bin, dann stampf' ich mit dem Fuß – stampf stampf …

Wenn ich traurig bin, dann heul' ich einfach los – huhu …

Wenn ich mal nicht reden will, dann bin ich still – (Pause)

Wenn ich dich gern mag, lach' ich dir zu – (anlächeln)

Nach der Melodie des Liedes: »If you're happy and you know it, clap your hands!«
Zu finden z. B. in der mundorgel Nr. 236; mundorgel verlag GmbH Köln/Waldbröl

M 9

**Lieber Gott, ich bitte dich,
schau auch diesen Tag auf mich.
Was ich denke, sage, tu',
gib deinen Segen mir dazu.**

Die Geschichte von Cecilia, einem Mädchen aus San Salvador

Ich möchte euch heute berichten von einem Mädchen, Cecilia, das in einem Vorort der Stadt San Salvador lebt.
(Bild 1: Cecilia)
Hier seht ihr sie, Cecilia. Sie ist neun Jahre alt. Hört, was sie von einem Tag in ihrem Leben erzählt:

»Cecilia!«, ruft die Mutter, aber ich habe noch gar keine Lust, aufzustehen.
(Bild 2: Innenraum der Hütte)
Es ist gerade so schön im Bett und ich habe geträumt, wir hätten ein richtiges Haus. Und ich würde in einem Bett ganz für mich allein schlafen. Mit einer richtigen Bettdecke und auf einer richtigen Matratze, nicht nur mit Stroh gefüllt.
»Cecilia!« Jetzt bin ich aber doch wach. Nein, es war nur ein Traum, ich wohne nicht in einem schönen Haus. Ich liege in unserem Bett, neben mir kuscheln sich Maria, Juanita und Pepe. Vorsichtig steige ich aus dem Bett, ohne die anderen zu wecken. Juanita und Maria sind meine Schwestern, Pepe ist mein kleiner Bruder. Wir schlafen alle in einem Bett. Wenn es nachts kalt ist, halten wir uns gegenseitig warm. Ich schlafe immer in meinen Kleidern. Die anderen auch. Ich brauche mich nicht anzuziehen, ich schlüpfe nur in meine Sandalen.

(Bild 3: Hütte)
»Wir müssen uns beeilen!«, sagt meine Mutter. In einer Stunde muss sie in der Stadt sein. Sie arbeitet dort als Wäscherin bei reichen Leuten, wo ich sie nie besuchen darf. Wir treten aus der Hütte heraus. Viele Hütten gibt es hier in der Gegend, aus Holz, ein paar Ziegelsteinen und Wellblech gebaut, mit Plastikfolien statt Fenstern.
Wir nehmen unsere Wasserkanister, wir müssen Wasser holen.

(Bild 4: Wasserstelle)
Es sind schon viele Leute auf den Beinen, die gehen auch zur Wasserstelle, die ein ganzes Stück weiter weg liegt. Wasserleitungen gibt es nur in der Stadt. Jeder, der hier in den Hütten wohnt, muss sich das Wasser von dieser Zapf-

stelle holen. Jetzt sind wir dran. Unsere Kanister sind schnell gefüllt. Dann schleppen wir sie zurück. Puh, endlich haben wir es geschafft. Wir sind wieder da. Maria und Pepe liegen noch im Bett.

(Bild 5: Mädchen schläft auf dem Fußboden)
Juanita liegt auf dem Fußboden. Wahrscheinlich hat sich Maria wieder zu breit gemacht. Pepe hat sich eng an Maria gedrängt. Da hat er es schön warm. Er ist erst ein Jahr alt und war schon oft krank. Mutter macht uns schnell einen Brei aus Wasser und Maismehl. Pepe sollte Milch bekommen, aber die ist zu teuer. Nun muss Mutter los zur Arbeit. Sie ist froh, dass sie Arbeit gefunden hat. Juanita und Maria bleiben zu Hause. Sie passen auf Pepe auf.

(Bild 6: Markt)
Ich gehe auch los. Meine Arbeit ist es, Taschen, Armbänder und Haargummis, die wir selbst gemacht haben, auf dem Markt zu verkaufen. Den ganzen Tag bin ich auf den Beinen. Wenn ich Ausländer sehe, zum Beispiel aus Deutschland, laufe ich schnell hin und biete meine Handarbeiten an. Ich kann ganz schön hartnäckig sein. Ich rufe: »Senor, quiere una pulsera? Tiene una!« – Das heißt: »Herr, möchten Sie ein Armband? Nehmen sie eins!« Meistens kaufen sie etwas. Ein Freundschaftsbändchen kostet 2 Cent. Ich glaube, das finden sie billig.
Viele Kinder arbeiten. Andere verkaufen Zeitungen oder Kaugummis, oder sie putzen Schuhe. Manche verbringen den ganzen Tag auf dem Müllplatz, um brauchbare Dinge zu finden.

(Bild 7: Junge formt Ziegel)
Mein Freund Jaime macht Ziegelsteine. Er knetet den Lehm und streicht ihn in die Formen. Wenn der Lehm getrocknet ist, ist er ganz hart. Den feuchten, kalten Lehm zu kneten, ist eine schwere Arbeit. Jaime tun am Abend immer die Hände so weh, dass er die Finger kaum bewegen kann. Aber immerhin, wir können etwas Geld verdienen.

(Bild 8, Bettelnde Kinder)
Eine Menge Kinder, denen geht es viel schlechter als uns. Sie haben keine Mama und keinen Papa und kein Zuhause. Sie betteln um Geld, aber sie kriegen nicht viel.

(Bild 9: Auf der Straße schlafendes Kind)
Stellt euch vor, sie schlafen einfach auf der Straße! – Aber eins haben wir gemeinsam: Wir haben noch nie eine Schule von innen gesehen. Dazu habe ich wirklich keine Zeit! Meine Mutter kann auch nicht lesen und schreiben. Das bräuchte sie für ihre Arbeit sowieso nicht. – Jetzt gehe ich nach Hause. Vorher kaufe ich noch einen Maisfladen zum Essen ein und eine Banane.
Juanita und Maria freuen sich, als ich komme. Aber Pepe liegt ganz still im Bett. Ich glaube, er ist schon wieder krank. Spät am Abend kommt Mutter nach Hause. Sie ist müde. Aber vor allem macht sie sich Sorgen um Pepe, der jetzt hohes Fieber hat. Mutter kann nicht mit ihm zum Arzt gehen. Wenn sie von ihrer Arbeit nur einen einzigen Tag wegbleibt, dann macht eine andere Frau die Wäsche dort. Dann verdient sie überhaupt kein Geld mehr. Und außerdem: Wie sollen wir den Arzt bezahlen? – Mutter geht zur Nachbarin. Sie möchte sich etwas Geld leihen. Einige Zeit später kommt sie mit guten Nachrichten zurück: »Cecilia, die Nachbarin hat mir erzählt von einem Kinderkrankenhaus. Es heißt »Anama«. Das kostet nichts. Bitte, kannst du mit Pepe morgen dahin gehen?«

(Bild 10: Wartezimmer der Klinik Anama)
Gleich am nächsten Morgen mache ich mich mit Pepe auf den Weg. Tatsächlich finde ich die Klinik Anama. Im Wartezimmer sitzen schon ein paar Leute. Es dauert eine Weile, aber schließlich werden wir aufgerufen.

(Bild 11: Ärztin)
Das ist die Ärztin. Sie ist sehr freundlich. Während sie Pepe untersucht, lässt sie sich von mir erzählen; wo wir wohnen und was wir essen und warum Mutter nicht dabei ist. »Tja.«, sagt sie schließlich, »Ich kann euch eine Medizin geben, damit dein Pepe wieder gesund wird. Aber es kann sein, dass er weiter oft krank wird, denn er isst zu wenig gesunde Sachen. Bitte komme wieder, wenn es ihm nicht gut geht.«

Sie will uns schon Wiedersehen sagen, aber ich habe noch eine Frage: »Senora, warum kostet es hier nichts?« Sie lächelt und sagt: »Schau mal, das Kreuz dort!«

(Bild 12, farbig, oder echtes Kreuz)
»Solche Kreuze, Cecilia, werden hier in El Salvador hergestellt und bemalt. Dann werden sie nach Deutschland geschickt und dort verkauft. Ein paar Leute haben sich zu einem Verein zusammengeschlossen, um diese Arbeit zu leisten. Sie nennen sich »vamos«. Und das Geld, das dabei eingenommen wird, wird verwendet, um die Klinik Anama zu bezahlen.« – »Und warum machen die Leute in Deutschland diese Arbeit? Warum kümmern sie sich um kranke Kinder weit weg?«, frage ich sie. »Sie wollen Gutes tun, Cecilia. Sie sind Christen; sie denken daran, dass Jesus in seinem Leben auch Gutes getan hat und wollen es ihm nachmachen.«

Liebe Kinder, die Klinik Anama gibt es wirklich. Tatsächlich kommt das Geld dafür vom Verkauf der Kreuze hier in Deutschland. Tatsächlich gibt es die Menschen vom Verein »vamos«, die Gutes tun wollen. Sie verkaufen bunt bemalte Kreuze, Zeichen der Hoffnung und der Liebe.

© Helmut Strohmeier

aus der Serie: »Carlos und die Wellblechkinder«, Rechte bei terre des hommes, Osnabrück

aus der Serie: »Carlos und die Wellblechkinder«, Rechte bei terre des hommes, Osnabrück

aus der Serie: »Carlos und die Wellblechkinder«, Rechte bei terre des hommes, Osnabrück

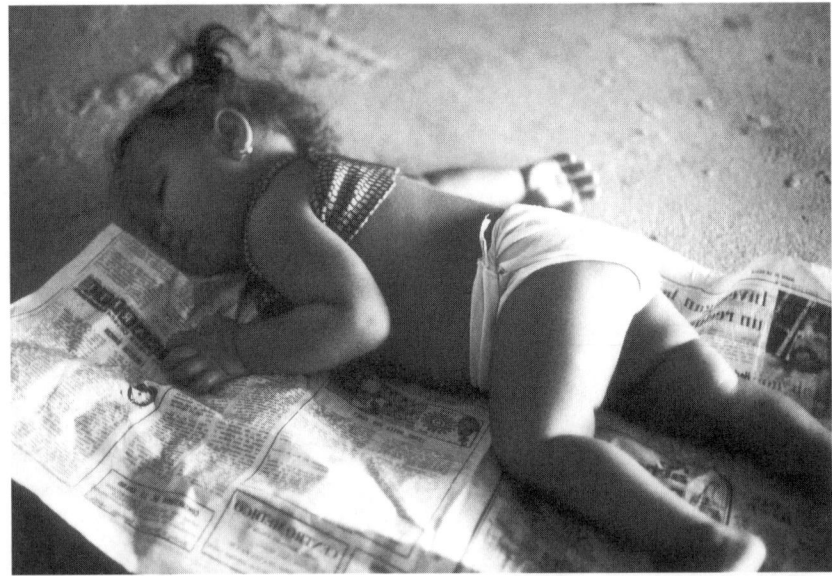

aus der Serie: »Carlos und die Wellblechkinder«, Rechte bei terre des hommes, Osnabrück

© Helmut Strohmeier

aus der Serie: »Carlos und die Wellblechkinder«, Rechte bei terre des hommes, Osnabrück

Stan Kiewitz © DIZ, München

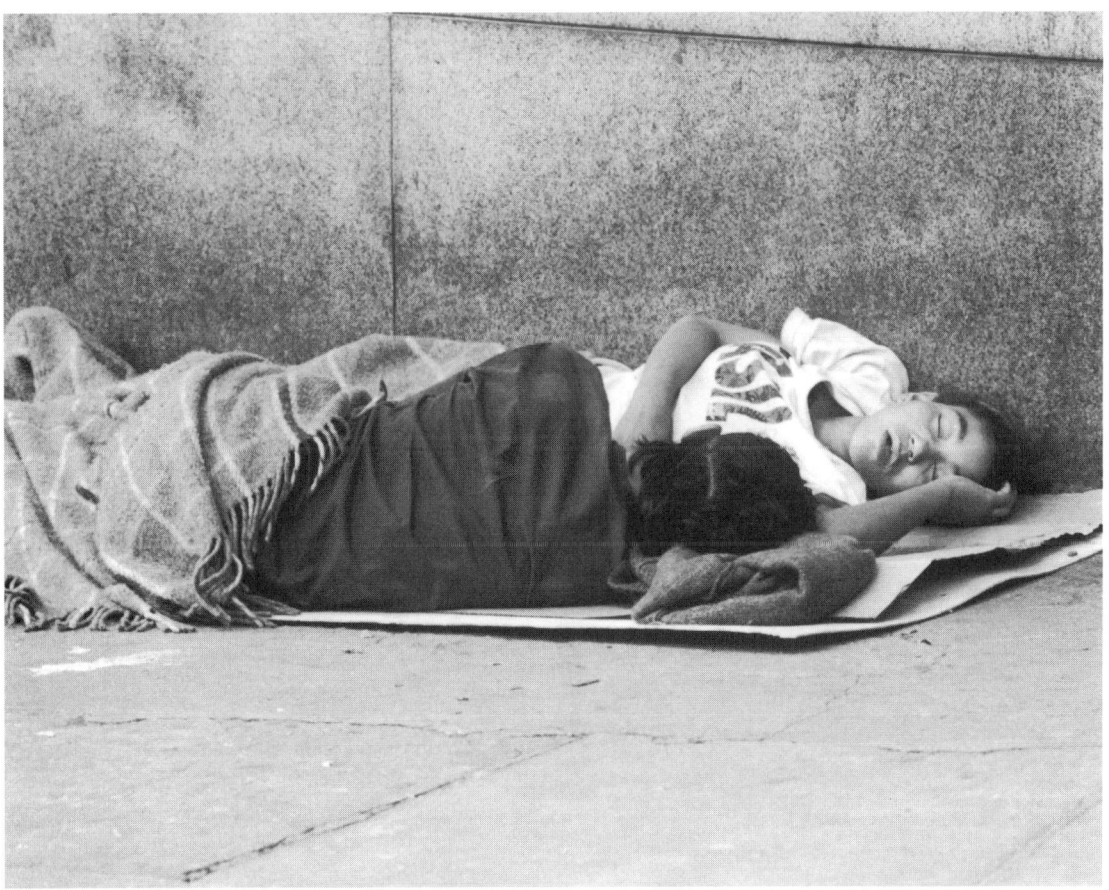

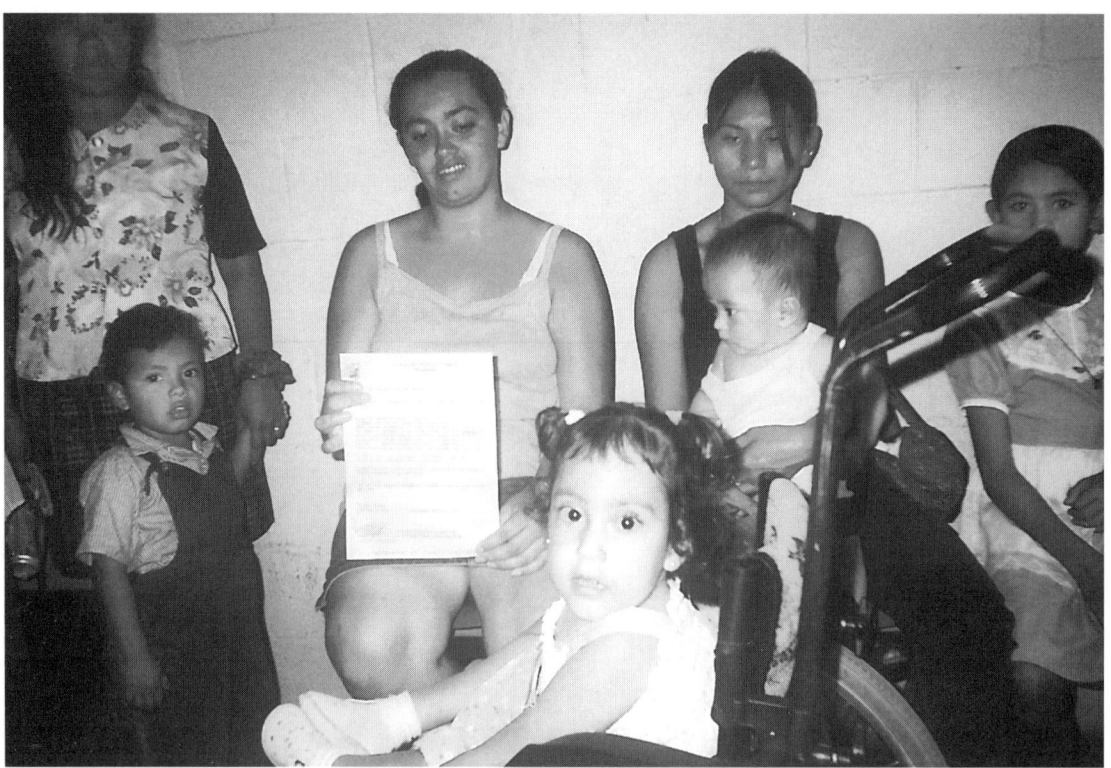

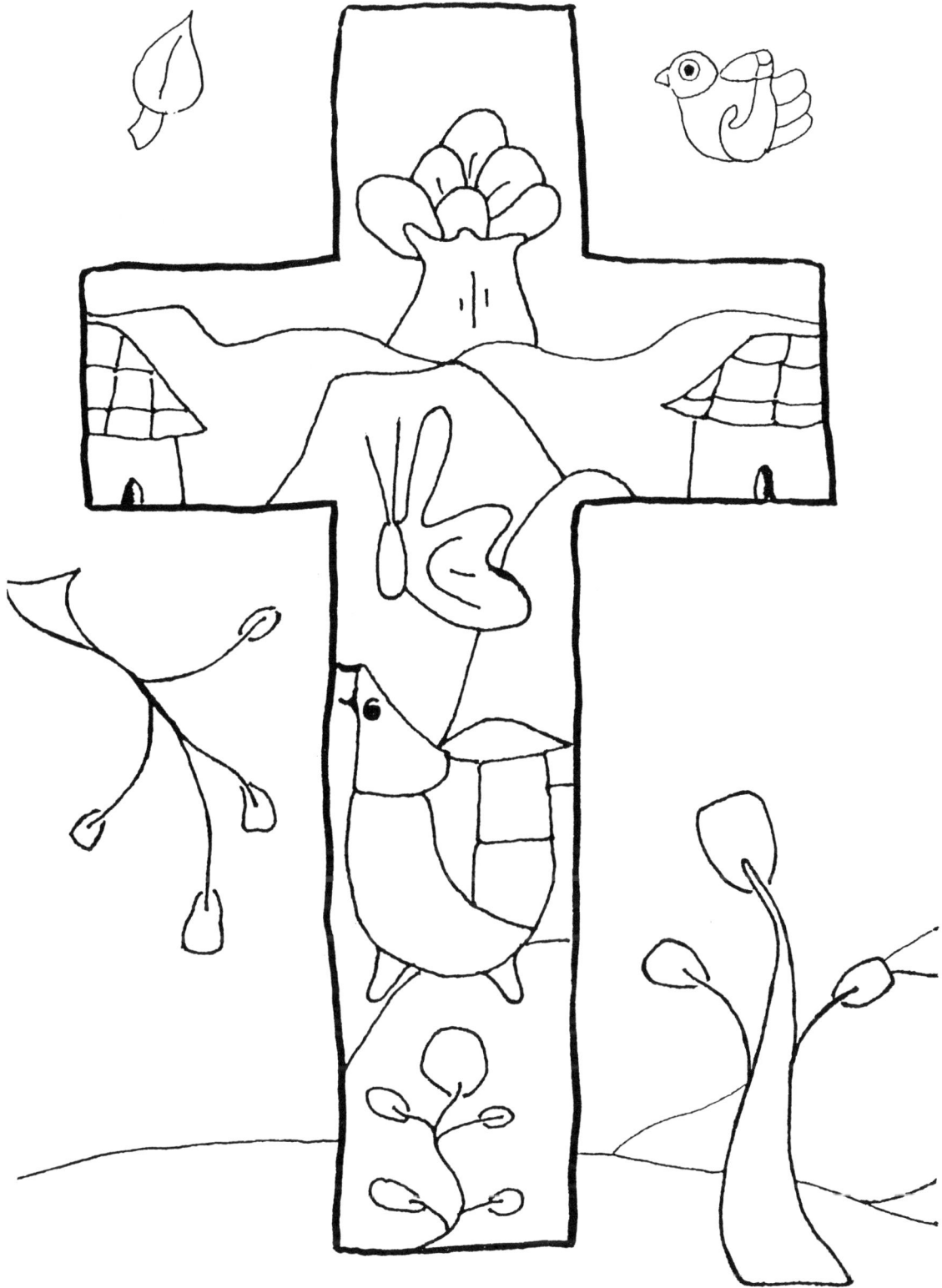

© Lagois/Sonntagsblatt-Archiv

M 14

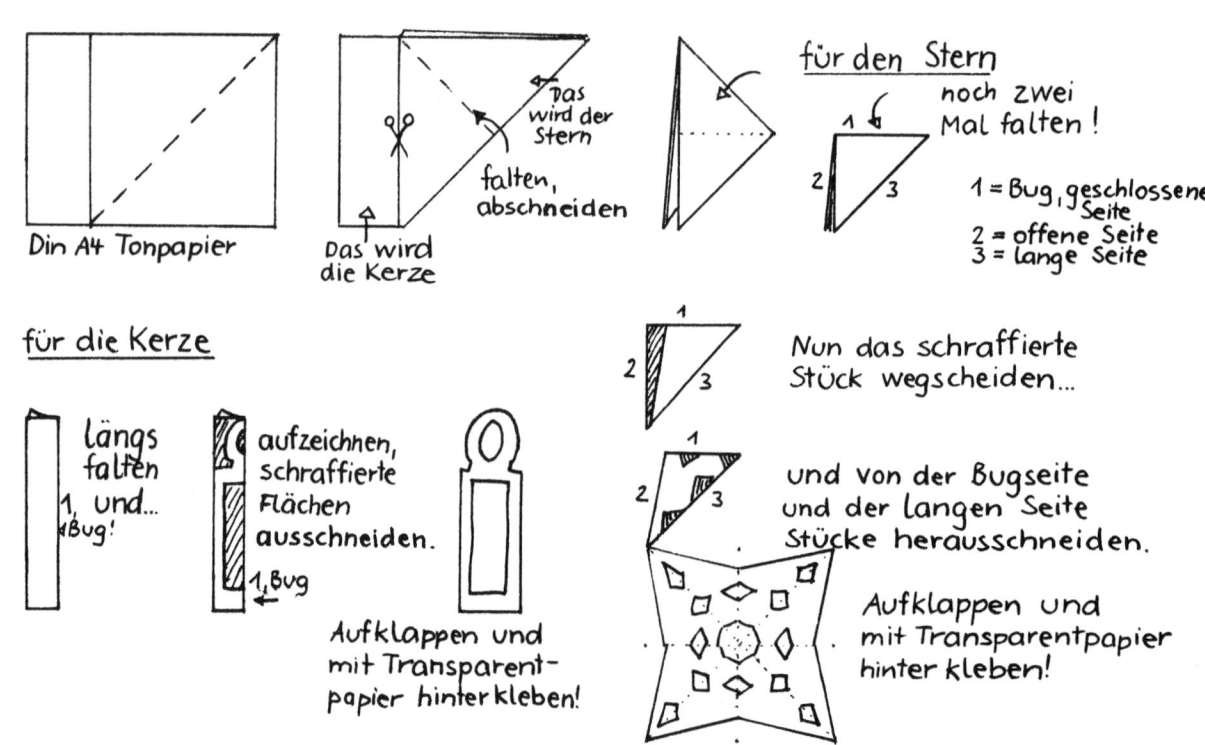

Din A4 Tonpapier

Das wird
die Kerze

Das wird der
Stern

falten,
abschneiden

für den Stern

noch zwei
Mal falten!

1 = Bug, geschlossene Seite
2 = offene Seite
3 = lange Seite

für die Kerze

längs
falten
1. und...
Bug!

aufzeichnen,
schraffierte
Flächen
ausschneiden.

Bug

Aufklappen und
mit Transparent-
papier hinter kleben!

Nun das schraffierte
Stück wegscheiden...

und von der Bugseite
und der langen Seite
Stücke herausschneiden.

Aufklappen und
mit Transparentpapier
hinter kleben!

Die Hirten Jossi und Ephraim

»He, Jossi, geh du heute nach Betlehem! Hier ist Wolle, die verkaufst du auf dem Markt und bringst dafür Öl mit.«

He, Ephraim, ich mag nicht nach Betlehem gehen! So viele Menschen waren ja noch nie da! In dem Gedränge fühle ich mich nicht wohl.«

»He, Jossi, du weißt doch: Der Kaiser Augustus, der weit weg in Rom ist, der hat befohlen, dass jeder dorthin zurückgeht, wo seine Großeltern geboren sind. Er will alle zählen und, vor allem, sie sollen sich in Steuerlisten eintragen, damit sie an den Kaiser Steuern bezahlen. Deswegen sind so viele Leute in Betlehem! Alle Gasthäuser sind schon voll! Aber das macht nichts, denn wenn so viele Leute da sind, dann wirst du deine Wolle bestimmt schnell los!«

»He, Ephraim, ich mag nicht nach Betlehem gehen! Es ist so weit zu laufen!«

»He, Jossi, natürlich ist es weit. Wir können mit unseren Schafen nicht in Betlehem leben. Wir müssen hier draußen auf den Feldern im Freien schlafen. Aber hier draußen zu schlafen, unter dem Sternenhimmel, das ist doch schön, oder? Dafür kann man doch ein paar Schritte laufen. Los, geh nach Betlehem!«

»He, Ephraim, ich mag nicht nach Betlehem gehen. Ich mag nicht allen Menschen dort zeigen, wie arm ich bin. Schau, mein Gewand ist schon ganz alt und auch nicht mehr ganz sauber. Du weißt, die Leute schauen immer ganz misstrauisch, wenn wir Hirten kommen. Sie wollen nichts mit uns zu tun haben.«

»He, Jossi, als Hirten sind wir arm, das stimmt schon. Aber deswegen sind wir doch nicht weniger wert, oder? Außerdem sind wir nicht die einzigen, die arm sind.
Erinnerst du dich noch an den Mann und die Frau, die heute nachmittag hier vorbeigegangen sind? Die hatten auch bloß den Esel und ein kleines Bündel Sachen dabei. Und ich glaube, die Frau bekommt bald ein Kind. Los, wenn die nach Betlehem gehen, kannst du das auch!«

»He, Ephraim, lass uns knobeln, wer geht«

»Na gut, Jossi, los! 1,2,3: In den Brunnen fällt dein Messer! Gewonnen!

1,2,3, der Stein schleift dein Messer! Gewonnen!

1,2,3, das Messer schneidet dein Papyrus! Gewonnen!

Jetzt geh aber nach Betlehem! Und vergiss das Öl nicht!«

»He, Ephraim! Aber das nächste Mal gehst du!«

Die Hirten Ephraim und Jossi, Teil 2

»He, Ephraim, wach auf!«

»He, Jossi, was ist denn los?«

»Ich weiß es auch nicht, aber irgendetwas stimmt nicht. Die Schafe sind ganz unruhig. Ob ein wildes Tier kommt?«

»Nein, Jossi, das wilde Tier traut sich nicht in die Nähe von unserem Lagerfeuer. Aber du hast recht, irgendetwas ist los.
Schau doch, da wird es ja immer heller!«

»Ephraim, ich habe Angst!«

»Still, Jossi, hör doch! Sieh doch!«

»Habt keine Angst! Ich bringe euch eine gute Nachricht, über die ihr euch freuen werdet! Und mit euch wird sich ganz Israel freuen! Heute wurde in Betlehem euer Retter geboren: Christus! Daran könnt ihr ihn erkennen: Er liegt in Windeln gewickelt in einer Krippe!«

»Ephraim, das wird ja immer noch heller!«

»Still, Jossi, hör doch!«

*»Ehre sei Gott in der Höhe!
Und Friede auf Erden unter den Menschen, die Gott liebt!«*

»Ephraim, jetzt ist es vorbei! Waren das Engel?«

»Jossi, das waren Engel! Und sie sind zu uns gekommen!
Sie wollten uns sagen, dass Jesus geboren ist!
Jossi, wir müssen nach Betlehem!«

»Ephraim, da komme ich mit!«

»Nu, Jossi? Den weiten Weg? Zu den vielen Menschen? Die dich wegen deiner Armut komisch anschauen?«

»Ephraim, aber die Engel sind zu uns gekommen!
Ich fühle mich so froh! Ich muss das Kind sehen!
Auf nach Betlehem!«

Dia-Vortrag »Jahwes Land«

Die Diaserie umfasst 10 Serien mit je 10 Bildern. Daraus sind für den Vortrag Dias ausgewählt. Die erste Zahl in der Klammer bezeichnet die Serie, die zweite Zahl die Bildnummer.

Jesus hat vor 2000 Jahren gelebt in einem Land, das Palästina hieß. Heute heißt dieses Land Israel – Du hast vielleicht schon in den Nachrichten davon gehört; leider wird in diesem Land oft gekämpft.

Von diesem Land seht ihr heute Bilder. Die Fotos sind natürlich nicht von damals, weil es ja zur Zeit Jesu keinen Fotoapparat (keine Maschinen, keine Autos, keinen elektrischen Strom …) gab. Die Dias sind von 1969. Aber bestimmt ist es interessant für euch zu sehen, wie die Orte heute aussehen, in denen Jesus früher war. Und ihr bekommt einen Eindruck von der Landschaft. Die Berge und Täler, die Flüsse und Seen, die Arten von Pflanzen und Tieren, die dort leben, haben sich kaum verändert. Ihr könnt euch, wenn ihr die Bilder seht, gut vorstellen, wie Jesus und die Menschen damals gelebt haben.

1. (1/1) Die Hauptstadt heute ist die Stadt Tel Aviv, eine große Stadt am Mittelmeer, die es zur Zeit Jesu noch nicht gegeben hat. Was ihr aber auf diesem Bild gleich seht, ist, dass das ein Land ist, in dem es viel wärmer ist als bei uns.

2. (1/2) Die Hauptstadt zur Zeit Jesu war Jerusalem. Jerusalem gibt es heute noch, ihr seht es auf den nächsten Bildern. Das ist ein Blick auf Jerusalem vom Ölberg aus. Er heißt so, weil auf ihm viele Ölbäume wuchsen. Ihr kennt vielleicht Olivenbäume, das ist dasselbe. Diese Bäume gibt es in diesem Land sehr häufig.

3. (1/7) Dies ist eine Ecke der Tempelmauer. Der Tempel war das Haus für Gott, es gab nur einen im ganzen Land. Die Menschen hatten sehr lange an diesem riesigen Bauwerk gebaut. Der Tempel und die Mauer herum wurden schon im Jahr 70 n.Chr. von den Römern zerstört. Die Mauer auf dem Bild ist 500 Jahre alt.

4. (1/8) Nur ein Teil des alten Tempels ist heute noch da, das ist die Mauer, die du auf diesem Bild siehst. Sie heißt »Klagemauer«, deswegen, weil die Zerstörung des Tempels hier beklagt wird. Schaut euch an, wie ungleichmäßig die Steine sind. Es gab ja keine Baumaschinen. Jeder Stein wurde mit der Hand gehauen und nur mit menschlicher Kraft transportiert. Um ohne Kran (!) so eine hohe Mauer zu bauen, mussten Rampen aus Erde und Sand aufgeschüttet werden, die man später wieder weggeschaufelt hat. Das ist eine große Kunst, so eine hohe, stabile Mauer zu bauen!

5. (2/1) Auch dies ein Blick auf Jerusalem, wieder vom Ölberg aus.
Eine andere Baumsorte, die ihr auf den Fotos immer wieder entdeckt, ist die Zypresse. Sie sind gut erkennbar an ihrer hohen, spitzen Form und der dunkelgrünen Farbe.

6. (2/3) Diesen Stufenweg ist Jesus gegangen, kurz bevor er gefangengenommen wurde. Jerusalem ist der Ort, an dem Jesus gestorben ist. Diese Geschichte, die traurig, aber nicht nur traurig ist, hörst du ein anderes Mal.

7. (2/4) Das ist nun der Blick von Jerusalem aus auf den Ölberg. Auch dort war Jesus gewesen.

8. (2/6) Vom Tempelberg über die Stadtmauern hinüber ist dies noch einmal ein Blick auf den Ölberg.

9. (4/1) Im Bergland nahe Jerusalem findet man in einer Talmulde diesen Ort, wo Johannes der Täufer geboren ist. Johannes' Mutter Elisabeth war eine Verwandte von Maria. Johannes taufte Jesus. Deswegen seid auch ihr getauft worden. Die Taufe ist das Zeichen, dass man zur christlichen Gemeinschaft gehört.

10. (4/2) In diesem Ort, Bethanien genannt, stand das Haus von Maria, Martha und Lazarus, die Jesus oft besuchte.

11. (4/4) Ein Stück weiter im Tal liegt die Stadt Jericho. Dort spielt die Geschichte von Zachäus, dem Zöllner. Jericho ist eine Oase mit einer Quelle. In einem heißen Land mit wenig Regen sind Wasserstellen besonders wichtig. Nur dort können Menschen und Tiere leben.

12. (4/6) Eine Frau mit Wasserkrug seht ihr auf diesem Bild. Auch dieses Bild ist aus der heutigen Zeit, aber die Frauen zur Zeit Jesu haben sicher ähnlich ausgesehen: Sie trugen ein langes Kleid und ein Kopftuch gegen die Sonne. Die Krüge, in denen sie das Wasser von der Quelle holten, wurden auf dem Kopf getragen.

13. (4/8) Der wichtigste Fluss im Land ist auf diesem Bild zu sehen: Der Jordan. Er fließt langsam und mit vielen Kurven durch ein Tal, vom See Genezaret bis zum Toten Meer. Ihr seht, das Wasser ist braun von der Erde, der Jordan ist nicht tief.

14. (4/9) Eine Frau führt ihre Kamele.

15. (5/1) Das ist Betlehem! Vor kurzem habt ihr die Geschichte gehört, wie Jesus hier geboren wurde. An der Stelle, wo der Stall, eher eine Höhle, lag, wurde 300 Jahre später eine große Kirche gebaut; eine der ältesten Kirchen der Christen.

16. (5/5 und 6) Das Hirtenfeld bei Betlehem. Ihr seht einen Hirten in der typischen Kleidung: Über dem weißen Gewand einen Mantel aus Wolle, auf dem Kopf ein Tuch, mit einer Kordel festgebunden. Er hütet die Schafe, wie damals, als die Hirten als erste von der Geburt Jesu hörten.

17. (5/9) Dieses Bild zeigt Ruinen von einem Teil des Palastes, der Herodes gehörte. Auch dieses Bauwerk wurde von den Römern zerstört, wie der Tempel.

18. (6/2) Dieser Teil des Landes heißt Judäa. Um Gemüse und Getreide anzubauen, musste der Boden mit einem Holzpflug umgegraben werden. Es wuchsen Hirse, Gerste und Weizen; Zwiebeln, Lauch, Gurken, Bohnen und Melonen.

19. (6/8) Das ist ein Nomadenzelt. Nomaden sind Hirten, die nicht in einem Haus wohnen, sondern mit ihren Herden von Ort zu Ort ziehen. Das müssen sie tun, weil auf den steinigen Wiesen so wenig Gras wächst, dass die Schafe nach einigen Tagen alles abgefressen haben. Die Nomaden können dann das Zelt abbauen, mit den Herden weiterziehen und beim nächsten Ort das Zelt wieder aufstellen. Die Zelte bestehen aus Leder und Stoffen, waren innen zum Teil mit Fellen und Decken gepolstert und recht geräumig.

20. (6/10) Die Ruinen der Stadt Caesarea am Mittelmeer. Hier ließ der König Herodes zur Zeit Jesu einen Hafen bauen. Zugleich war hier der Palast des römischen Statthalters. Pontius Pilatus war ein Vertreter des römischen Kaisers. Das Land Palästina war von den Römern erobert worden und besetzt; die Römer bestimmten über das Land. Auch das hast du schon in der Weihnachtsgeschichte gehört: Deshalb mussten Maria und Josef nach Betlehem, um sich in die Steuerlisten einzutragen. Das hatte der Kaiser Augustus befohlen.

21. (7/1) Eine Landschaft in Galiläa seht ihr hier. Inzwischen könnt ihr euch die Landschaft schon gut vorstellen (*gemeinsam wiederholen*): Es regnet wenig, es ist im Sommer heiß, im Winter warm; das Land ist bergig und steinig, es gibt wenig Wald. Es wachsen Olivenbäume, Zypressen, es gibt Schafe, Ziegen, Esel …

22. (7/6) Das ist nun Nazareth, die Stadt, aus der Maria und Josef kamen, in der Jesus als Kind lebte, bis er auf Wanderschaft ging. Hier arbeitete Josef als Zimmermann. Jesus hatte auch Geschwister, über die man aber nicht viel weiß.

23. (7/8) Dieses Haus ist um den Brunnen von Nazareth gebaut. Früher war hier ein einfacher Brunnen gewesen. Da dies die einzige Quelle von Nazareth ist, kann man sich vorstellen, dass hier Maria früher das Wasser geholt hat. Es gab keine Wasserleitungen! Das Wasserholen war früher Aufgabe der Frauen.

24. (8/1) Das ist ein großer See, er heißt Genezaret. Hier war Jesus oft gewesen. Der See Genezareth kommt in einigen Geschichten vor. Einige der Jünger Jesu waren hier Fischer gewesen, ehe sie Jesus begleiteten.

25. (8/4) Dieser Mann ist ein Fischer auf dem See Genezaret. Wieder könnt ihr die Kleidung sehen, die in dieser Gegend üblich ist. Heute gibt es allerdings auch in Israel viele Menschen, die schick angezogen sind und mit Anzug ins Büro gehen.

26. (8/10) Hier kommen die Fischerboote heim. Schon immer arbeiten die Fischer in der Nacht, weil da die Fische höher schwimmen und leichter gefangen werden können. Bei Sonnenaufgang kehren sie dann zurück ans Land.

27. (8/9) Das sind die Ruinen der Synagoge in Kapernaum. Synagoge hießen dort die Kirchen, da wurde Gottesdienst gefeiert. In diesem Ort, auch in dieser Synagoge, war Jesus oft gewesen.

28. (9/1) Die Wüste Juda ist auf diesem Bild zu sehen. Durch diese Bergwüste führt die Straße von Jerusalem hinunter nach Jericho; das ist der Weg, auf dem der Mann überfallen wurde, dem der barmherzige Samariter geholfen hat.

29. (10/3) Die Berge des Sinai liegen im Süden des Landes.

30. (10/9) Hier siehst du noch einmal ein Nomadenzelt am Sinai …

31. (10/4) … und, zum Schluss, Nomaden, die am Abend am Feuer sitzen.

Nun hast du viele Bilder gesehen und kannst dir das Land, in dem früher Jesus gelebt hat, vorstellen. Ich hoffe, es hat dir gefallen; hast du noch Fragen …?

M 17

Skizze zur 3. Unterrichtsstunde: Kleidung
So wurde die Kleidung hergestellt.
So kleiden wir ein Kind und gestalten den Hefteintrag.

Der Stoff/das Papier wird längs (gefaltet und) in der Mitte durchgeschnitten.

Die eine Hälfte wird wieder längs gefaltet; ein Kopfloch hineinschneiden: Das werden die Ärmel! (Sie werden etwas gekürzt) Später müssten sie unten zugenäht werden.

Die zweite Hälfte wird quer in der Mitte gefaltet; auch hier wird entlang der Faltkante ein Kopfloch hineingeschnitten. Das wird das Bauchteil. Man legt es über die Ärmel; später würden die Seiten zugenäht werden.

Dazu trägt man ein Kopftuch mit Kordel und einen Gürtel.

1 WASSERSACK, 2 FLADENBROTE, 3 VORRATSNISCHE, 4 ÖLLAMPE,
5 WERKZEUGE, 6 FEUERSTELLE MIT BLASBALG, 7 AUFGEROLLTE MATTEN ZUM SCHLAFEN,
8 STEINMÜHLE, 9 FUTTERKRIPPE, 10 WASSERKRÜGE, 11 OBSTKORB

Zeichnung von Rita Bachmann, aus: Das Geheimnis. Christkatholischer Schriftenverlag, Allschwil

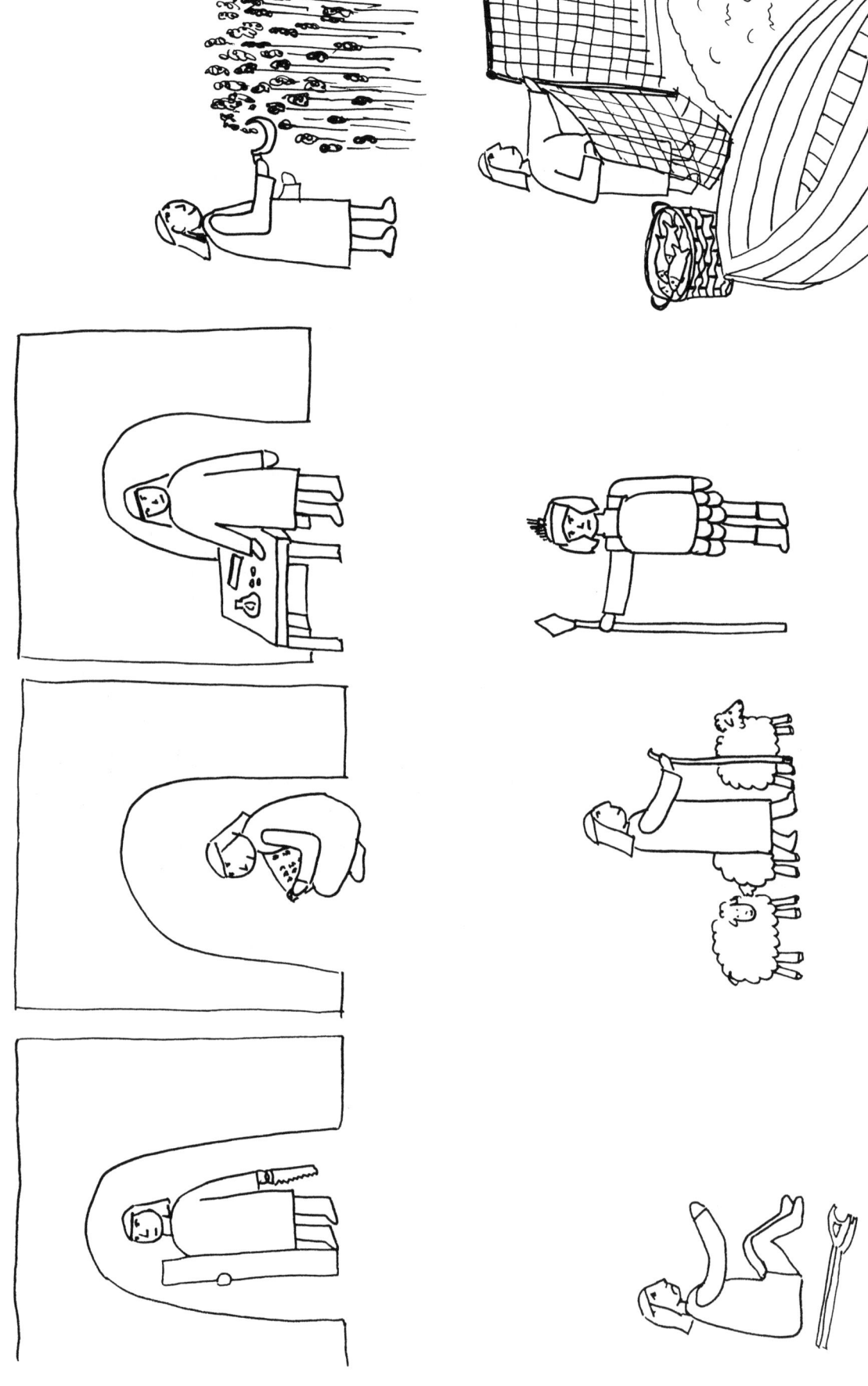

© Lagois/Sonntagsblatt-Archiv

Skizze für den Hefteintrag: Pia

Benötigt werden verkleinerte kopien
einer Doppelseite, und des Titelblattes

So wird der Hefteintrag gestaltet:

Die Doppelseite
des „Bilderbuches"
falten, mit der
Hinterseite im Heft
festkleben.

Auf die vordere
Seite das Titelbild
aufkleben.
So kann man das
Buch aufklappen!

Text + malen dazu.

Skizze Hefteintrag Levi:

Niemand mag Levi.
Jesus schon!
Levi ändert sich.

© Robert Brown/IFA-Bilderteam

Bartimäus

Din A6 <u>schwarzes</u> Tonpapier,
mit Bleistift oder weißem Farbstift malen

Skizze
Hefteintrag:
Bartimäus

blind

dunkel

traurig

<u>gelbes</u> Papier

gesund

hell

froh

Die blinde Beate einladen?

»Willst du die Beate zum Geburtstag einladen?«, hatte die Mutter vor genau einem Jahr Barbara gefragt. Drei Monate davor war Beate mit ihrer Familie im Nachbarhaus neu eingezogen. Zuerst hatte sich Barbara sehr gefreut. Ob das eine Freundin zum Spielen war? Doch dann war sie enttäuscht: »Mama, das Mädchen ist ja blind!«, erzählte sie. »Mit ihr kann man ja gar nicht spielen.« – Die Mutter fand zwar, das sollte Barbara erst einmal ausprobieren, aber davon wollte Barbara nichts wissen. Auf keinen Fall wollte sie Beate kennen lernen. Allerdings konnte sie von ihrem Zimmer aus gerade in Beates Garten sehen. Ab und zu war Beate im Garten, so dass Barbara sie beobachten konnte. Sie spielte im Sandkasten, hatte einen Puppenwagen mit Teddy drin und benahm sich ganz normal, stellte Barbara fest.

Doch dann wurde es spannend. An einem Samstag im Frühjahr kamen Beates Eltern mit einem Anhänger voller Stangen und Teile angefahren und begannen, im Garten etwas zu bauen. Barbara klemmte am Fenster und schaute den halben Vormittag zu.

Schließlich rannte sie zu ihren Eltern. »Mama! Papa! Beates Eltern bauen einen ganzen Spielplatz im Garten! Mit Rutsche, Kletterstange und Schaukel! Wie können die das tun? Beate ist doch blind!« – »Warum sollte sie denn nicht rutschen oder schaukeln können?«, fragte der Vater. »Na ja, weil …«, eigentlich fiel Barbara gar kein Grund ein. Dann kam ihr aber noch ein anderer Gedanke: »Ich will auch eine Schaukel haben!«, rief sie. »Schon immer habe ich mir eine Schaukel gewünscht!« – »Nein, Barbara!«, entschied die Mutter, »du hast gerade Geburtstag gehabt. Außerdem ist eine Schaukel teuer. Und …«, sie grinste: »Du kannst doch bestimmt bei Beate schaukeln. Na los doch, geh endlich mal hinüber! Sie freut sich sicherlich!« – Mit dieser Antwort war Barbara nicht zufrieden. Sie verschwand in ihrem Zimmer und schaute wieder zu, wie in Beates Garten der tolle Spielplatz entstand. Sie seufzte.

Als am Sonntagnachmittag dann tatsächlich alles fertig war, hielt es Barbara nicht mehr aus. Die Neugier war zu groß. Sie schlich am Zaun entlang, bis Beates Mutter sie entdeckte.

Und tatsächlich fragte sie: »Du, Barbara, magst du nicht einmal herüberkommen?« – »Hallo Beate!«, grüßte Barbara und fand es doch ziemlich komisch, Beate anzuschauen. Aber Beate merkte das gar nicht. »Hallo Barbara!«, rief sie begeistert, »Ich habe eine Schaukel, und eine Kletterstange, und eine Rutsche! Boa, macht das Spaß!« …

Es dauerte lange, bis Barbara an diesem Sonntagabend endlich wieder kam. Vater musste sie vier Mal rufen. Dann saß sie am Abendbrottisch und sprudelte nur so: »Also, ich glaube, die Beate schaukelt genauso gern wie ich. Und sie hat ein Meerschweinchen, das Gurkenschalen frisst, und den selben Schulranzen wie ich, und morgen Nachmittag wollen wir einen Spaziergang mit unseren Teddys machen und der Sandkasten soll unsere Burg sein …!« Die Eltern lachten über Barbaras Begeisterung. »Da verstehe ich, dass du zu spät zum Essen gekommen bist«, meinte die Mutter. »Wie schön! Da hast du heute eine Freundin gefunden!«

Wie ging die Geschichte weiter? Beate und Barbara trafen sich fast jeden Tag. Sie spielten mit den Stofftieren und mit dem Puppenhaus. Sie schaukelten, rutschten und kletterten. Barbara stellte fest, dass Beate die Blumen im Garten, die Gänseblümchen, den Löwenzahn und den Klee, genauso gut kannte wie sie. Zwischendurch vergaß Barbara sogar, dass Beate blind war. Als Beate den Legoturm für die Burg baute, fiel es Barbara wieder ein. »Beate, dein Turm ist ja ganz bunt!«, rief sie. »Mir gefällt er so«, erwiderte Beate ganz cool.

Nun wurde Barbara bald acht Jahre alt. »Willst du Beate zum Geburtstag einladen?«, fragte die Mutter, so wie letztes Jahr. »Mama! Wie kannst du so etwas fragen? Natürlich!«, sagte Barbara. »Aber sie ist doch blind? Mit ihr kann man doch gar nicht spielen? …«, fragte Mutter. Barbara stutzte, schaute die Mutter an und begriff, dass das einmal ihre eigenen Worte gewesen waren. »Da habe ich mich aber getäuscht!«, stellte sie fest und fing gleich an, die Spiele für ihre Geburtstagsfeier zu planen: »Also, »Blinde Kuh« und »Topfschlagen« geht ja schon auf jeden Fall …«

Marina ist nicht blind

Marina hat es heute ausgerechnet: Ihren Schulweg ist sie schon 100-mal gegangen: Jeden Tag zweimal, 5 Tage in der Woche, und das 10 Wochen lang … Sie kennt den Schulweg ganz genau.

Sie wohnt neben dem Haus von der Oma Franke. Das ist gar nicht ihre Oma, aber alle Kinder nennen sie so. Sie kann nicht mehr gut sehen, aber sie ist sehr nett und schimpft nie, wenn die Kinder im Hof spielen. Oft sitzt sie am Fenster, und ihr schwarzer Kater Muckel sitzt neben ihr am Fensterbrett.

An der nächsten Ecke ist der Supermarkt. Hier kaufen Marinas Eltern immer ein, und Marina geht gerne mit. Meistens treffen sie jemand, zum Beispiel ihre Nachbarin, die Frau Meiser mit ihrem kleinen Sohn, dem Sven, den findet Marina besonders süß.

Dann muss Marina weitergehen bis zur nächsten Ampel, die überquert sie, und schon ist sie bei ihrer Schule. Sie saust durch die Glastür, denn sie hat ihre Freundin Renate entdeckt.

Marina geht gern zur Schule. Sie mag eigentlich alles: Lesen, schreiben, rechnen, malen, singen, turnen. Aber besonders gern mag sie Religion, weil die Lehrerin, Frau Ammon, so schöne Geschichten erzählt. Heute ist die Geschichte von Bartimäus dran. *(Evtl. von Schü kurz wiederholen lassen)* Er war blind, und Jesus hat ihn geheilt. Marina weiß, dass jemand blind ist, der nicht sehen kann. Sie denkt an Oma Franke. Aber am Ende sagt Frau Ammon etwas seltsames: »Kinder, manchmal sind wir auch blind.« – »Warum?«, denkt Marina, »Ich kann doch sehen?«

»Das Wort blind kann auch heißen, dass man nicht sieht, wenn jemand Hilfe braucht. Wenn ihr die Augen aufmacht und richtig hinschaut, seht ihr vielleicht, dass ihr etwas Gutes tun könnt. Ich wünsche euch, dass ihr nicht blind seid und es bemerkt, wenn ihr anderen helfen könnt.«

Nach Religion ist die Schule aus. Marina denkt noch an das, was Frau Ammon gesagt hat. Sie geht durch die Glastür und schaut hinter sich, da kommt gerade Frau Ammon, die die Hefte und ihre Tasche schleppt. Marina hält ihr die Tür auf.

»Wie nett, Marina, danke!«, sagt Frau Ammon, »du bist nicht blind! Du siehst, dass ich die Hände voll habe und die Tür schlecht aufmachen kann.« Marina freut sich. Sie denkt: »So meint Frau Ammon das also!« Und sie nimmt sich vor, nicht blind zu sein, sondern die Augen auf zu machen.

Das mag sie ihrer Mama erzählen. Marina beeilt sich. Schon ist sie beim Supermarkt. Gerade will sie weiterrennen, da entdeckt sie Frau Meiser. Die hat aber viel eingekauft! Der Beutel mit den Kartoffeln hat gar nicht mehr in die Tasche gepasst, sie trägt ihn in der Hand und schiebt auch noch den Kinderwagen mit Sven.

»Ich sehe, dass Frau Meiser Hilfe braucht«, sagt Marina zu sich. »Ich bin nicht blind!« Und schon geht sie zu Frau Meiser und fragt: »Hallo, Frau Meiser! Kann ich Ihnen die Kartoffeln abnehmen?« »Hallo Marina! Vielen Dank! Das wäre lieb, wenn du den Beutel tragen könntest! Wie aufmerksam von dir!« – Das macht Marina jetzt richtig Spaß, das hinsehen und nicht blind sein.

Fast sind sie daheim. Da sitzt ja der Kater Muckel vor der Haustür! Er maunzt laut. Frau Meiser hat ihn nicht entdeckt. Aber Marina! – »Ich muss schnell bei Oma Franke klingeln!«, sagt sie. »Ich glaube, der Kater ist ausgesperrt!« Als Marina die Tür aufmacht, huscht der Kater schnell hinein. Marina ruft: »Oma Franke! Der Muckel will zu dir!« Oma Franke steht in der Wohnungstür und schlägt die Hände zusammen: »Muckel! Da bist du! Und ich suche dich den ganzen Tag! – Marina, wie gut, dass du ihn gesehen hast! Er ist wohl hinaus entwischt, als ich den Müll hinunter getragen habe. Bin ich froh, dass Muckel wieder da ist! Vielen, vielen Dank, Marina!«

»Gern geschehen!«, sagt Marina. Sie ist sehr zufrieden mit sich. Mit Frau Meiser und Sven geht sie die Treppe hinauf, doch – hoppala! – fast wäre sie über die letzte Stufe gestolpert. »Ich bin wohl blind«, meint Marina – und lacht.

Bildfolie von Gisela Harupa, Rechte bei Irmingard Hausmann, Wuppertal

Du hast uns deine Welt geschenkt

Text: Rolf Krenzer / Musik: Detlev Jöcker

1. Du hast uns dei- ne Welt ge- schenkt: Den Him- mel, die Er- de. Du hast uns dei- ne Welt ge- schenkt. Herr wir dan- ken dir.

2. Du hast uns deine Welt geschenkt:
die Länder - die Meere.
Du hast uns deine Welt geschenkt:
Herr, wir danken Dir.

3. Du hast uns deine Welt geschenkt:
die Sonne - die Sterne.
Du hast uns deine Welt geschenkt:
Herr, wir danken Dir.

4. Du hast uns deine Welt geschenkt:
die Blumen - die Bäume.
Du hast uns deine Welt geschenkt:
Herr, wir danken Dir.

5. Du hast uns deine Welt geschenkt:
die Berge - die Täler.
Du hast uns deine Welt geschenkt:
Herr, wir danken Dir.

6. Du hast uns deine Welt geschenkt:
die Vögel - die Fische.
Du hast uns deine Welt geschenkt:
Herr, wir danken Dir.

7. Du hast uns deine Welt geschenkt:
die Tiere - die Menschen.
Du hast uns deine Welt geschenkt:
Herr, wir danken Dir.

8. Du hast uns Deine Welt geschenkt:
Du gabst mir das Leben.
Du hast mich in die Welt gestellt.
Herr, wir danken Dir.

9. Du hast uns Deine Welt geschenkt:
Du gabst uns das Leben.
Du hast uns in die Welt gestellt.
Herr, wir danken Dir.

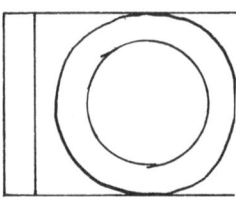

Die Untertasse oder den Buttermilchbecher
auf das rote Papier legen und umfahren.
Erst den größeren Kreis zeichnen, dann den
kleineren Kreis in die Mitte setzen.
Den kleineren Kreis kann man auch mit der
Rückseite des Buttermilchbechers aufmalen.

So sieht dann der Hefteintrag aus:

Falten und einen kleinen Schnitt
In die Mitte machen.

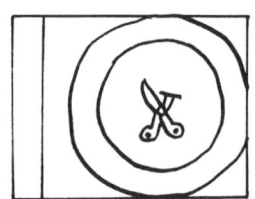

Nun kann man von der Mitte aus das
Innere des Ringes ausschneiden.
Den Kreis und auch den Streifen
ausschneiden.

Ich kann viel!

(Parfum hin sprühen)   sehen

riechen   hören

schmecken

fühlen

Ich kann auch: schön schreiben,

singen, Rad fahren

M 32

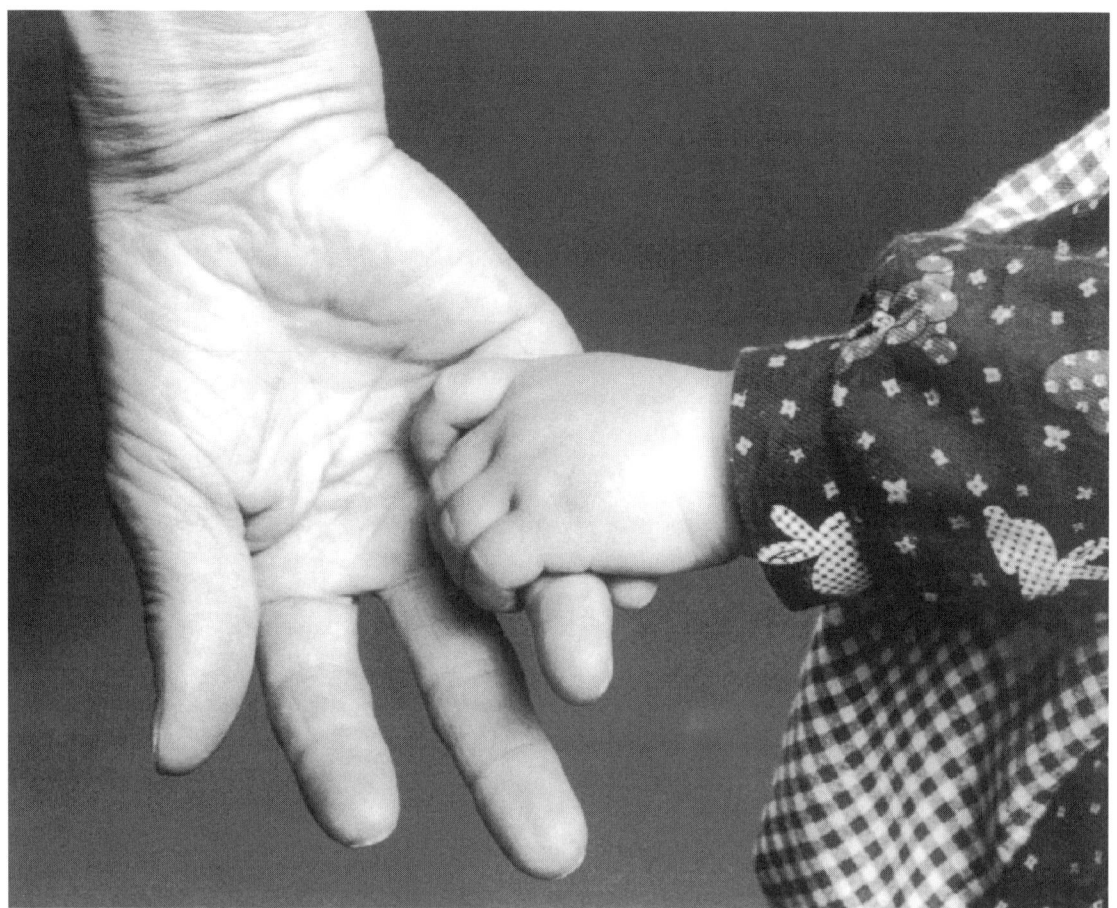

M 33

1. **Wie kommt es zum Streit zwischen den Hirten?**

2. **Wie wird der Streit gelöst?**

3. **Was denken sich Abraham und Lot bei der Entscheidung?**

Skizze Hefteintrag:
Isaak wird geboren

Isaak wird geboren

Wir freuen
uns über
die Geburt
von Isaak!
Abraham
und Sara

Foto

farbiges
Tonpapier

Kinderhände

Ein Holländerkind,
ein afrikanisches Kind,
ein Chinesenkind
drücken beim Spielen
die Hände in Lehm -
nun sag: Welche Hand
ist von wem?
      Hans Baumann

Afrikanische Spiele

Die blinde Krähe

Die Spieler bilden einen Kreis. Einer steht als »blinde Krähe« in der Mitte.

Mit verbundenen Augen flattert er ständig mit den Flügeln (Armen), wobei die Spieler um ihn herum ihre Plätze wechseln. Wenn er dabei jemanden berührt, krächzt er: »Krah, krah«. Das erwischte Kind ist die nächste Krähe.

Leopardenfalle

(Das Spiel beginnt wie der altbekannte Reigen: »Machet auf das Tor …«)

Zwei Kinder fassen sich an den Händen und bilden ein Tor. Alle anderen gehen im Kreis durch das Tor und sprechen im Takt:

»Löwe und Leopard, Löwe und Leopard jagen in der Nacht.

Löwe und Leopard, Löwe und Leopard fangen ihre Beute!«

Dabei schnappen sie das Kind, das gerade durch das Tor geht. Wird im nächsten Durchgang wieder ein Kind gefangen, bilden die zwei ein weiteres Tor.

Alle gefangenen Kinder jagen ihrerseits wieder. Das geht so lange, bis nur noch wenige Kinder übrig sind, die im nächsten Spiel zuerst das Tor sein dürfen.

Nsikwi

Bei diesem Geschicklichkeitsspiel sitzen sich die Mitspieler in etwa 3–4 Meter Entfernung paarweise auf dem Boden gegenüber. Jeder stellt einen Maiskolben (in der Schule: einen Kegel aus der Turnhalle) neben sich. Jeder hat einen Ball (am besten einen Schlagball). Auf ein Zeichen rollen beide gleichzeitig den Ball und versuchen, den Kegel des gegenübersitzenden Kindes umzuwerfen.

Jeder Treffer zählt einen Punkt. Wer zehn Punkte erreicht hat, hat gewonnen.

Die Krähe krächzt

Das ist ein Ratespiel. Man braucht dazu viele kleine verschiedene Gegenstände, z.B. Radiergummi, Murmel, Stein, Spielfigur, Würfel, Spitzer, Papier, Watte …

Alle dürfen sich diese Dinge anschauen. Dann verlassen drei Ratekinder das Zimmer, jedes andere Kind versteckt einen Gegenstand in den Händen.

Die drei kommen wieder und fragen den ersten Mitspieler: »Ist das Ding aus Glas?« oder auch »Ist es der Radiergummi?«.

Ist die Antwort »nein« oder falsch, krächzt das Kind wie die Krähe: »Krah, krah!«.

Wenn der Gegenstand beim fünften Versuch nicht geraten wird, behält ihn das Kind. Bei der richtigen Antwort bekommen die Ratekinder das Ding.

Wer hat am Ende mehr Gegenstände?

In der _____

Auf dem _____ liegt die Bibel.

Er ist mit _____ geschmückt.

Gepredigt wird von der _____.

Für die Taufe braucht man den

_____. Mit der _____

wird Musik gemacht. Am Anfang und

am Ende läuten die _____.

(Musterelternbrief)

Datum:

Liebe Eltern meiner Religionskinder!

Damit die evangelischen Kinder »ihre« Kirche (noch besser) kennen lernen,

möchte ich am _____ mit der Religionsgruppe die

_____-Kirche besuchen. Pfarrer/in _____

wird uns empfangen und uns alles zeigen.

Wir gehen um 11.30 Uhr los und kehren ca. um 13 Uhr zurück. Bitte dem Kind

einen Rucksack mit kleiner Brotzeit mitgeben!

Wer will und sich auskennt, kann von der Kirche aus direkt nach Hause gehen.

Bitte vermerken Sie das auf dem Antwortabschnitt.

Um Zeit zu sparen, möchte ich mit _____ zur _____ fahren.

Ich kaufe ein Gruppenticket und bitte um 1 € pro Kind.

Da die Kinder durch den Unterrichtsgang an diesem Tag länger Schule haben,

fällt die Religionsstunde am folgenden _____ aus!

(Anmerkung: Die Religionsstunde nur ausfallen lassen, wenn es eine Rand-

stunde ist!)

Wer möchte uns begleiten?

Viele Grüße, _____

Antwortabschnitt

Den Elternbrief vom _____ habe ich gelesen. Ich habe zur Kenntnis

genommen, dass meine Tochter/mein Sohn _____

am _____ erst um 13 Uhr vom Unterrichtsgang zurückkommt

und am _____ früher Schule aus hat.

Der Pfarrer hält Gottesdienste, er erzählt von Jesus und erklärt die Bibel.

Die Pfarrerin besucht die Menschen, auch Menschen, die einsam oder krank sind.

Zum Pfarrer geht, wer heiraten oder getauft werden möchte.

Die Pfarrerin ist auch im Büro. Mit allen Mitarbeitern wird besprochen, was in der Kirche zu tun ist.

Der Pfarrer hält den Konfirmandenunterricht und fährt mit den Jugendlichen weg.

Die Pfarrerin hält Beerdigungen, wenn jemand gestorben ist.

Oft gibt es am Abend Musik oder Gesprächskreise.

Der Pfarrer arbeitet bei der Gemeindezeitung mit.

Die Pfarrerin ist oft dabei, wenn sich die älteren Menschen der Gemeinde treffen.

Der Pfarrer trifft sich mit den Nachbarkirchen.

Oft gibt es eine Partnerkirche in Afrika.
Die Pfarrerin plant ab und zu einen Besuch.

Der Pfarrer hilft mit, Spenden für die Armen einzusammeln.

In der Kirche

Viele arbeiten mit

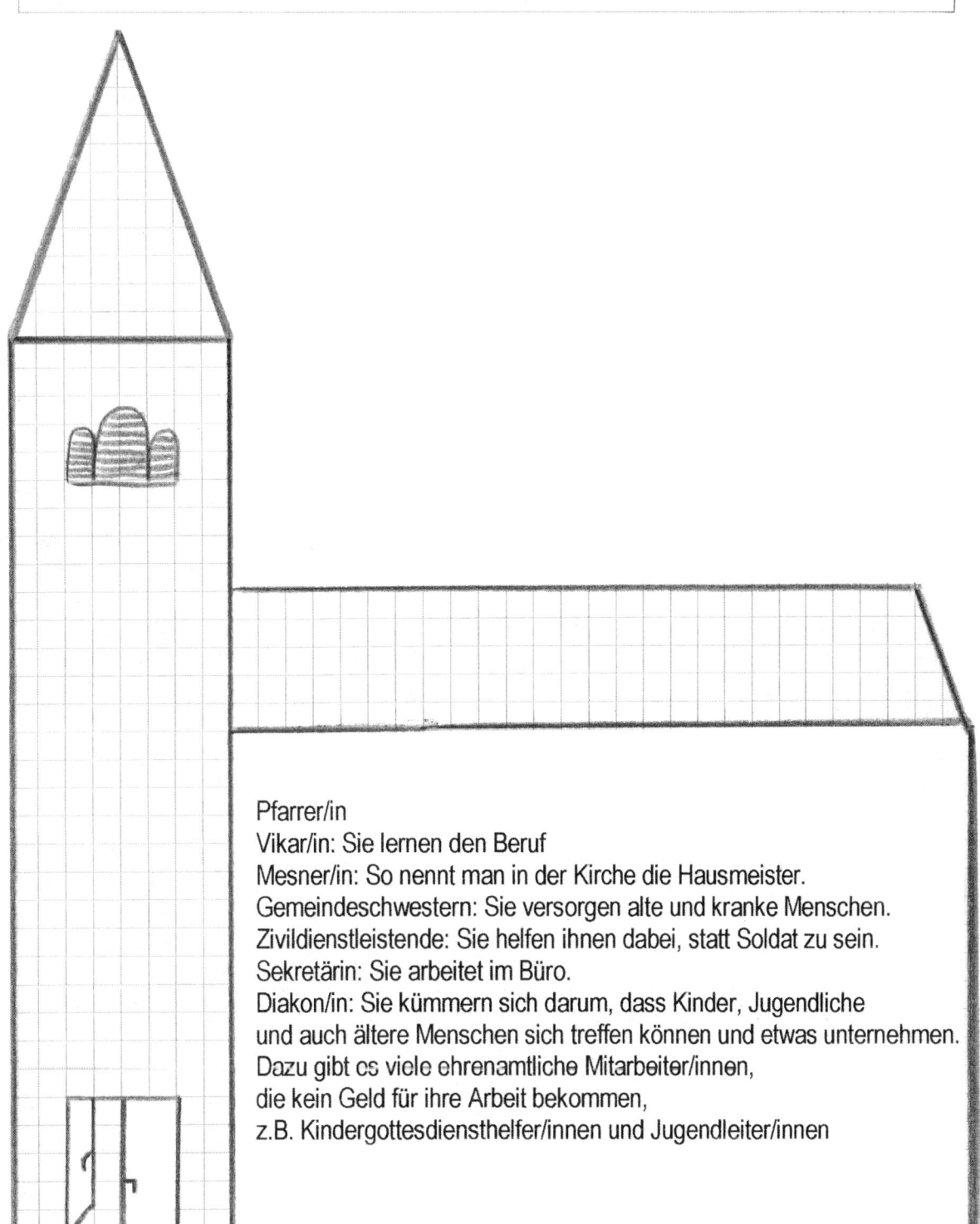

Pfarrer/in
Vikar/in: Sie lernen den Beruf
Mesner/in: So nennt man in der Kirche die Hausmeister.
Gemeindeschwestern: Sie versorgen alte und kranke Menschen.
Zivildienstleistende: Sie helfen ihnen dabei, statt Soldat zu sein.
Sekretärin: Sie arbeitet im Büro.
Diakon/in: Sie kümmern sich darum, dass Kinder, Jugendliche
und auch ältere Menschen sich treffen können und etwas unternehmen.
Dazu gibt es viele ehrenamtliche Mitarbeiter/innen,
die kein Geld für ihre Arbeit bekommen,
z.B. Kindergottesdiensthelfer/innen und Jugendleiter/innen

ANHANG

Querverbindungen (QV) zum allgemeinen Lehrplan

PL:
Pädagogisches
Leitthema

1/2.1. Sich selbst wertschätzen
1/2.2. Verantwortungsgefühl für eigenes Handeln entwickeln
1/2.3. Anderen mit Achtung begegnen
1/2.4. Füreinander da sein

KR: Katholische
Religionslehre
und Eth: Ethik

Wird hier auf eine Querverbindung hingewiesen, so lautet das Thema gleich oder ähnlich wie im evangelischen Religionsunterricht

D:
Deutsch

1/2.1.1. Einander erzählen und einander zuhören
1/2.1.2. Sich und andere informieren
1/2.1.3. Miteinander sprechen und miteinander umgehen
1/2.1.4. Sprache spielerisch umsetzen; u.a.: einfache Szenen entwickeln
1/2.3. Für sich und andere schreiben
1/2.3.1. Texte verfassen; u.a.: Geschichten, Erlebtes aufschreiben
1/2.5. Lesen und mit Literatur umgehen
1/2.5.5. Auf Bücher neugierig werden

HSU:
Heimat- und
Sachunterricht

1.2.   Ich und meine Erfahrungen
1.2.2. Sinnesleistungen
1.4.   Zusammenleben
1.4.1. Schule – eine neue Gemeinschaft
1.4.2. Lebensgemeinschaft Familie
1.5.   Leben mit der Natur
1.6.   Orientierung in Zeit und Raum
1.6.3. Jahreslauf, u.a.: Feste und Brauchtum

KuE:
Kunsterziehung

1.1.   Naturschauspiele
1.2.   Menschen als Gestalter ihrer Welt – Zuhause, u.a.: einen Raum durch schmückende Elemente persönlich gestalten, Schmuck zur Jahreszeit
1.3.   Ich entdecke mich selbst – andere entdecken mich
1.5.   Vorstellungswelten – Träume …

MuE:
Musikerziehung

1.1.1. Singen und Sprechen; u.a.: altersgemäße Lieder
1.1.2. Mit Instrumenten spielen
1.2.   Musik erfinden
1.2.2. Improvisieren und Gestalten
1.4.1. Sich zur Musik bewegen
1.4.2. Szenen spielen

WTG:
Werken und
Textiles Gestalten

1.1.1. Naturmaterial mit den Sinnen erleben
1.3.1. Ein Werkstück gestalten und den Jahreskreis bewusst erleben
1.3.2. Gestalten mit Papier
1.5.   Interkulturelle Begegnungen

Materialliste zum rechtzeitigen Planen

(Die vollständigen bibliographischen Angaben zu den erwähnten Büchern finden sich im Literaturverzeichnis, S. 139)

Das wird benötigt:

Immer: Religionsheft (liniert in DIN-A4), Tafel oder Tageslichtprojektor (OHP), Federmäppchen: schreiben mit Bleistift, malen mit Holzbuntstiften *(auf Filzstifte verzichte ich – der Umwelt zuliebe – grundsätzlich)*, Schere, Klebestift; griffbereit sind Wachsmalkreiden und Wasserfarben, außerdem eine Gitarre oder ein Keyboard, um die Lieder zu begleiten, Kassettenrecorder oder CD-Player, sowie Kindergesangbuch und Evangelisches Gesangbuch (EG)

In den einzelnen Stunden:

September
Themenbereich
1.1.: Miteinander umgehen

1. Wir lernen uns kennen
festes Papier für Namenskarten, Liste der Schülerinnen und Schüler, Arbeitsblatt (siehe M 1), evtl. Fotoapparat, Hefte und Umschläge (werden von L gekauft, Geld dafür einsammeln; Hefte und Umschläge sind aus Recycling-Papier zu haben!)

2. Das bin ich!
Arbeitsblatt (M 2); für diese und die folgenden Stunden: kopierte Überschrift (M 3)

3. Was ich mag und was ich nicht mag
kleines Arbeitsblatt (M 4), Karten: lachendes und trauriges Gesicht

Oktober

Erntedankfest
Ein frisches Brot, Brotmesser, Erzählung (M 5),
Buch: Am Anfang, Supermarkt-Prospekte, ein Plakatkarton DIN-A2

4. Ich bin einzigartig
Wasserfarben

5. Jeder ist wichtig
Bilder von Stars aus Zeitschriften, ein aus Papier gestaltetes Siegerpodest, je ein Bild in Größe DIN-A4: Star, ein Kind wie du und ich, ein armes Kind, die fertigen Fotos der Kinder und Kopien davon

6. Ich bin so wie ich bin
Bild von Star, Arbeitsblatt: Nilpferd; Erzählung (beides siehe M 6)

7. Tim will nicht mehr Tim sein
Vorlesebuch Religion, Band 1, Arbeitsblatt Bild von Tim (M 7)

8. u. 9. Freuen und traurig sein
Buch: Liebe Oma, Deine Susi von Christine Nöstlinger; Lachendes und trauriges Gesicht von der 3. Stunde

10. Das ist zum Staunen!
Tierbücher, Staunenswertes über Tiere und Pflanzen aus der Bücherei

11. Beten
Gebet (M 9)

12. Wir lernen ein Gebet
Buch: Kinderbriefe an den lieben Gott

November

13. Sankt Martin teilt und hilft
Buch: z.B. Martin von Tours von J. Quadflieg/R. Fuhrmann
rote Papierservietten oder rotes Tonpapier

14. Das schönste Martinslicht
Laterne, Vorlesebuch Religion 1, schwarzes Tonpapier
(evtl. Laterne selbst basteln; entsprechend Material)

15. Wir teilen und helfen
Salzbrezeln oder Ähnliches; bunte Satzstreifen: »Teilen ist schön«

16. Armen Kindern helfen
Geschichte und Bilder (M 10 und M 11), evtl. Material und Holzkreuz
von »vamos«, c/o Frau Moser, Ludwig-Thoma-Str. 12, 82205 Gilching,
Tel./Fax: 08105/22193
oder Material von »Brot für die Welt«, anfordern in der Stafflenberg-
straße 76, 70184 Stuttgart, Tel.: 0711/2159-0, Fax: 0711/2159-368; Internet: www.brot-fuer-die-welt.de

Dezember
Themenbereich
1.2.: Miteinander
zur Krippe gehen

1. Advent
Wasserfarben, bedrucktes Papier, Adventskranz (für die ganze Adventszeit)

2. Stille ist schön
eingefärbtes Papier der letzten Stunde, festes Papier in rot, gelb, gold,
instrumentale Weihnachtsmusik für Meditation, z.B. von H.-J. Hufeisen
(siehe Literaturverzeichnis)

3. Das Bild der 1000 Wünsche
Packpapier, Vorlesebuch Religion 3, alte, benutzte Buntstifte

4. Die Hirten
Folienbild und Kopien (M 13), Erzählung (M 15)

5. Die Weihnachtsgeschichte
Folienbild aus der Laubi-Kinderbibel, Sternaufkleber

6. Wir basteln für Weihnachten
Tonpapier und Transparentpapier in verschiedenen Farben

Jetzt einige Vorräte an Goldpapier kaufen (Für Mai/Juni)!
Auch kleine goldene Sterne als Belohnung für schöne Hefteinträge
gibt es nur jetzt.

Januar/Februar
Themenbereich
1.3.: Von Jesus
hören – auf Jesus
hören

1. Das Land, in dem Jesus gelebt hat
Diaserie: »Jahwes Land« aus einer Medienstelle o.a. Dias/Bilder aus Israel; Diaprojektor, Vortrag (siehe M 16), evtl. Bildkarte: »Lasset uns mit Jesus gehen« (Aue-Verlag, 74215 Möckmühl), evtl. Landkarte von Palästina zur Zeit Jesu

2. Im Haus
Bild (siehe M 18), Folie davon

3. Kleidung zur Zeit Jesu
Rupfenstoff, pro Schüler 20 x 20 cm, altes Bettlaken, Kopftuch, dicke Kordel oder Seil; evtl. von Handarbeit Webrahmen leihen, evtl. gelbes Löschpapier, Wachsmalkreide

4. Berufe zur Zeit Jesu
Arbeitsblatt (M 19), vergrößerte Karten

5. Der gute Hirte
Stoffschaf, Bild (M 20)

6. Das verlorene Schaf
Stoffschaf, Wattepads, evtl. gelbes oder hellbraunes Papier, Laubi Bibel

7. Levi – ein Außenseiter
Bild (M 21), Erzählung z.B. aus Laubi, Geschichten zur Bibel, Band 4 oder aus Bolliger, Jesus

8. Pia – eine Außenseiterin
Bilderbuch von: Die Prinzessin auf der Erbse, Neues Vorlesebuch Religion 1

9. Das Angst-ABC
Bild »Kind hat Angst«, z.B. aus »Am Anfang«, großes Papier, dicke Stifte, Klebestift

10. Die Jünger haben Angst
Instrumente: Metallofone, Glockenspiele, Bild: Sturm (M 23)

11. Ich habe keine Angst mehr
Instrumente wie oben, Vorlesebuch Religion 1

12. Bartimäus
Kerze im Ständer, gelbes und schwarzes Papier, Wortkarten

13. Beate ist blind
Blindenschrift o.a. Material über Blinde, Blume, fünf fühlbare Gegenstände, Erzählung (M 25)
Evtl. Folie aus: Farbholzschnitte zur Bibel von Thomas Zacharias, München 1991

14. Marina ist nicht blind
Fünf Gegenstände zum Fühlen, Erzählung (M 26)

März *Themenbereich* *1.4.: Trauer* *erfahren – Oster-* *freude erleben*	*1. Jesus zieht in Jerusalem ein* Bild von Jesus (M 27) *2. Jesus stirbt am Kreuz* Kreuz im Klassenzimmer, buntes Hoffnungskreuz (echt oder großes Bild) von »vamos« (siehe 16. Stunde im Oktober: Armen Kindern helfen), Kopien des Kreuzes zum Ausmalen (M 12) *3. Ostern: Jesus ist auferstanden!* Bildfolie: Die drei Frauen gehen zum Grab von G. Harupa Kopien der drei Frauen (M 28), Wasserfarben *4. Wir gestalten ein Hoffnungskreuz* Hoffnungskreuz von »vamos« (siehe oben) in Abschnitten vergrößert kopiert, farbiges großes Papier, bunte Zettel
April *Themenbereich* *1.5.: Gottes* *gute Schöpfung* *entdecken*	*1. Die Natur ist schön!* Evtl. Fotoapparat, Schü: Schreibblock *2. Wir schützen Pflanzen und Tiere* Vorlesebuch Religion 1, blaues Transparentpapier *3. Bitte keine Umweltverschmutzung!* Bild oder Folie von Umweltverschmutzung (M 30), Kopien davon, rotes Papier; Unterteller und Buttermilchbecher, Kaugummi *4. und 5. Was ich alles kann – Meine Sinne* Ruhige Musik auf CD oder Kassette, z.B. von Andreas Vollenweider, CD-Player oder Kassettenrekorder, Glöckchen, 5 Dinge zum Riechen, z.B. Kaffee, Pfefferminztee, Zitrone, saure Gurken, Parfum; 5 Dinge zum Schmecken in mundgerechten Stücken, z.B. Zwieback, Karotte, Apfel, Käse, saure Gurke; 5 Dinge zum Fühlen, z.B. Schere, Stift, Wolle, Ei, Wasser; 15 Tücher, große Tischdecke, eine schöne Murmel oder Ähnliches, Glitzeraufkleber, eine Tasche mit Dingen zum Fühlen samt Verzeichnis *6. Was ich alles tun kann* Wortkarten, Decke, Tücher zum Augen verbinden *7. und 8. Die Schöpfungsgeschichte* Laubi-Kinderbibel, »Die Schöpfungsgeschichte«, Möckmühler Arbeitsbogen Nr. 83
Mai *Themenbereich* *1.6.: Vertrauen –* *Abraham*	*1. Der Findefuchs* gleichnamiges Buch von Irina Korschunow, Vertrauensbild (M 32), passende Musik *2. Vertrauensspiele* Buch: Findefuchs, Polster oder Kissen, Tücher, um die Augen zu verbinden *3. Niki und das Dreimeterbrett* Vorlesebuch Religion 2

137

4. Nomadenleben
evtl. Bildmaterial über Nomadenleben, Nomadenzelt (M 33)

5. Abraham
Für diese und die folgenden Stunden:
W. Laubi: Geschichten zur Bibel, Band 3, Abraham

6. Abraham und Lot
Arbeitsblatt (M 34)

7. Gottes Segen unter dem Sternenhimmel
Wasserfarbe, Deckweiß, blaues Tonpapier, Musik für die Sternenhimmel-
Meditation, durchlöchertes Papier, Tageslichtprojektor

8. Isaak wird geboren
Geburtsanzeigen, Tonpapier, Babyfoto (M 35)

9. Die Lehrerin erzählt von ihrer Oma
Lebensbericht der Oma – entsprechendes Material

Juni
Themenbereich
1.8.: Kinder aus
aller Welt achten

1. Kinder aus anderen Ländern
Vorlesebuch Religion 2

2. Jesus und die Kinder
Jesus-Bild (M 36), großes Papier, Klebestift

3. Alle Kinder dieser Erde
Wasserfarben, Arbeitsblatt (M 37), ein Handabdruck auf einem Blatt Papier

4. Komm, spiel mit mir!
Material für Spiele: Kegel, Bälle und diverse kleine Gegenstände für das
Ratespiel, evtl. Musik, evtl. Essen

5. Die Goldene Regel
Goldpapier

Juli
Themenbereich
1.7.: In der
Kirche feiern

1. Unsere Kirche
Fotos der örtlichen Kirche, Arbeitsblatt (M 39), Wortkarten, Elternbrief
(M 40)

2. Unterrichtsgang zur ... – Kirche
Evtl. Fahrkarte, Schü brauchen Rucksack mit Brotzeit

3. Der Gottesdienst

4. Beruf: Pfarrer/in
Bild Pfarrer/in, Karten (M 41)

5. Kirche: Viele helfen mit!
kariertes Papier, karierte Folie, Tageslichtprojektor, Arbeitsblatt (M 42),
Lineal

6. Wir bereiten den Schulgottesdienst vor
großer blauer Stoff, gelbes Papier und Goldpapier, Sicherheitsnadeln oder
Stecknadeln, Glockenspiele, Triangeln, meditative Musik

Literaturverzeichnis

Die folgenden Bücher werden verwendet und sollten zur Verfügung stehen:

Lehrplan für die Grundschulen in Bayern
Sondernummer 1, Amtsblatt der Bay. Staatsministerien für Unterricht u. Kultus vom 9. August 2000

Am Anfang Religion 1 – Neubearbeitung, Frankfurt 1986
sowie *Wegzeichen Religion 1 – Neubearbeitung, Frankfurt 2001*

W. Laubi / A. Fuchshuber: *Kinderbibel*, Lahr [7]2000

Vorlesebuch Religion, Hrsg: D. Steinwede und S. Rupprecht,
Band 1: Lahr/Göttingen 1971
Band 2: Lahr/Göttingen 1973
Band 3: Lahr/Göttingen 1976
Arbeitshinweise-Register von R. Ohlemacher u.a.: Lahr/Göttingen 1979
Neues Vorlesebuch Religion 1: Lahr 1996

W. Laubi: *Geschichten zur Bibel*
Band 3: Abraham Josef Jakob, Düsseldorf 1994
Band 4 und 5: Jesus von Nazareth, Teil 1 (Düsseldorf [3]1996) und 2 (Düsseldorf [2]1993)

Max Bolliger: *Jesus*, Lahr 1982

Das Kindergesangbuch, Claudius Verlag, München 1998

Evangelisches Gesangbuch (EG), Ausgabe für die Evangelisch-Lutherischen Kirchen in Bayern und Thüringen, München/Weimar 1994

Kinderbriefe an den lieben Gott, Hrsg: E. Marshall, Gütersloh [13]1999

Christine Nöstlinger: *Liebe Oma, Deine Susi!*, Wien 2002

J. Quadflieg/R. Fuhrmann: *Martin von Tours*, Düsseldorf [2]1995

»Lasset uns mit Jesus gehen« und *»Die Schöpfung«* Nr. 83
Bildkarten vom Aue Verlag, 74215 Möckmühl

Irina Korschunow, *Der Findefuchs*, München 1986

Außerdem werden folgende Medien verwendet und benötigt:

H.-J. Hufeisen, *Inmitten der Nacht* (CD), Kreuz Verlag 1991

Missio aktuell für die Schule 2/1985

D. Steinwede: *Jesus aus Nazareth*, Lahr 1972

Die alten Schulbücher *Am Anfang 1/2* (Lahr 1976)
und *Wegzeichen 3* (Lahr 1977) und *4* (Lahr 1980)

die mundorgel

Sowie vereinzelt Material, das bei den jeweiligen Unterrichtsstunden aufgeführt ist.

Empfohlene Buchstabenformen für die Druckschrift:

A B C D E F G H I J K
L M N O P Qu R S T U V
W X Y Z Ä Ö Ü

a b c d e f g h i j k
l m n o p qu r s t u v
w x y z ß ä ö ü

Hinweis:
Die handgeschriebene Druckschrift weicht aus bewegungsökonomischen Gründen von der gedruckten Vorlage ab.
Deshalb gelten die Buchstabenformen als Richtformen. Die Formtreue muss beim handschriftlichen Drucken nicht
absolut eingehalten werden.

Richtformen der verbundenen Schrift:

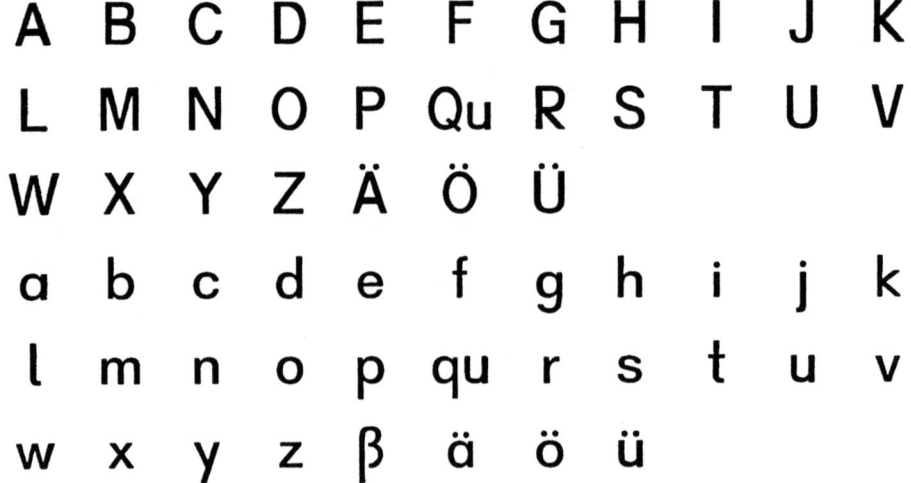

Vereinfachte Ausgangsschrift

A B C D E F G H J J K
L M N O P Qu R S T U V
W X Y Z Ä Ö Ü

a b c d e f g h i j k
l m n o p qu r s t u
v w x y z ß ß ä ö ü

Vorschlag für die Ziffernschreibweise:

1 2 3 4 5 6 7 8 9 10